9Marks 健康教會九標誌

I0529409

耶穌是誰 Who Is Jesus?

耶穌是誰 Who Is Jesus?

紀格睿（Greg Gilbert） 著

王悅 譯

Who Is Jesus?

Copyright © 2015 by Gregory D. Gilbert

Published by Crossway

1300 Crescent Street

Wheaton, Illinois 60187

耶穌是誰

作者：紀格睿 （Greg Gilbert）

翻譯：王　悅

編輯：趙　潔

特約編輯：苓　箋

ISBN：978-1-958708-06-4

電子書ISBN：978-1-958708-07-1

除非特別說明，所有聖經引文均來自新標點和合本聖經。

献给贾斯汀（Justin），

傑克（Jack），

朱麗葉（Juliet）。

目　錄

叢書前言

九標誌系列叢書的寫作基於兩個基本前提。首先,地方教會對基督徒生活來說比今天很多基督徒所設想的還要重要得多。作為九標誌的同工,我們相信健康的基督徒一定也是健康的教會成員。

其次,當地方教會以神的話語為中心建構時,他們一定也會在基督徒生活和生命素質上成長。神對我們說話時,教會就應該聆聽和跟隨。很簡單,不是嗎?當教會聆聽和跟隨時,教會就越來越像她所聆聽和跟隨的那位主。教會會反映神的愛和神的聖潔,反映神的榮耀。當教會聆聽這位救主時,教會就會越來越像這位救主。

根據以上這兩點,讀者們會注意到這「九個標誌」全都來自狄馬可的《健康教會九標誌》(美國麥種傳道會,2009)一書。而這九個標誌又都來自聖經:

- 解經式講道
- 基於聖經的神學
- 基於聖經的福音信息

- 基於聖經理解悔改歸信
- 基於聖經理解福音佈道
- 基於聖經理解教會成員制
- 基於聖經理解教會紀律
- 基於聖經理解門徒訓練與成長
- 基於聖經理解教會帶領

當然，教會要健康還有很多要做的事情——比如說禱告，但是這九個標誌是我們相信被很多教會所忽視的。所以我們對眾教會的呼籲是：不要僅僅關注最佳實踐、最新潮的教會成長方法，而是轉向神和祂的話語。從聆聽神的話語開始。

根據這些主張，我們開始製作編輯九標誌系列叢書。這些小書將更進一步地展開這九個標誌，並從多個角度展現這些標誌的意義。有些是寫給牧師的，有些是寫給基督徒的。我們希望這套小書能夠認真地將聖經解釋、神學思考、文化回應、團體應用，甚至個人勸勉結合在一起。好的屬靈書籍應該同時具備神學性和實用性。

我們也為此禱告，求神使用這本書和其他小冊子幫助預備基督的新婦——教會，使她在主來的時候能夠預備好、容光煥發。

前　言

　　你認錯過人嗎？高中的時候，我和好友去參加一個派對。我們一到那就看到我們的朋友妮可在角落的位置，正興致盎然地與人聊天。前一天我們剛見過妮可和她一位懷孕的朋友，所以我們一起去和她們打招呼。我的好友問候了妮可，又面帶微笑地摸了摸妮可朋友的肚子，體貼地問：「寶寶還好嗎？」問題是，這個人不是前天的那位朋友，她壓根沒有懷孕。天哪，還好不是我先開的口。

　　搞錯別人的身分既尷尬又好笑，像是搞不清楚狀況，還得罪人，所以開口前最好先確認好對方的身分。

　　你手裏的這本書講的就是認出某個人，但賭注更高。我們認出耶穌和我們認出老友或熟人完全不是一回事。如果我們搞錯了耶穌的身分，那就不只是尷尬，而是悲劇了！

　　因此，紀格睿從書名開始就告訴我們：「耶穌是誰」是一個極重要的問題。對慕道友、懷疑論者而言極其重要，甚至對一些基督徒來說也是，這聽起來很荒謬，但是如果你讀下去，就會明白為什麼這個問題如此重要。我們不會在街頭或派對上碰到耶穌基督，所以本書不是講把人臉和人名相匹配，而是講

3

以耶穌配得的尊榮和信任來回應祂。

例如紀格睿寫道：「一旦你開始明白耶穌就是神，明白祂與父神獨特且唯一的關係，那你就開始明白：想認識創造你的這位神，你需要認識耶穌。除此之外，沒有別的方法。」

如果耶穌只是一個普通人，那麼認不認識祂無關緊要，但如果耶穌是神的兒子、世人唯一的救主，那認識祂就至關重要了。

大多時候，我們把耶穌當成一個普通人，或是一位良師、先知，但這些描述不完全準確。所以在這本重要的書裏，紀格睿幫助我們正確地思考耶穌究竟是誰。

我很喜歡《耶穌是誰》這本書，它引人入勝，讓我愛不釋手。這本書簡單易讀，又切中核心。我喜歡這本書，還因為它大量引用經文。紀格睿不是提出認識耶穌的新方法，他只對歷史事實感興趣。這位耶穌是誰？為什麼祂很重要？紀格睿不是去聽那些從未見過耶穌的歷史學家，而是專注於那些親眼見過耶穌的人述說的可靠見證。他專注於神的話語，這些成就了一本有權柄、能改變人生命的書。

耶穌做了一些顛覆性的宣告，祂也是歷代被談論最多的人。祂說自己是誰？祂說的是真的嗎？這本書最能幫你回答這些問題。神通過這本書恩待過我，也會恩待你。

區普・李（Trip Lee）

說唱歌手、牧師

著有《興起：起來，活在神至大的榮耀中》

(*Rise: Get Up and Live in God's Great Glory*)

第一章

你怎樣認為？

你認為耶穌是誰？

對於這個問題，你可能沒有多想過。這是完全可以理解的，畢竟我們談論的這個人出生在一世紀一個不起眼的猶太木匠家庭。祂從未擔任過一官半職，從未掌管過一國之地，也從未帶領過任何軍隊，甚至從未覲見過羅馬皇帝。反而在三年半的時間裏，這位耶穌只是教導人們倫理道德與靈性生命的事，給猶太人誦讀並講解他們的聖經。如果對祂生平的親眼見證信得過，可以看見祂也確實做了一些非同尋常的事情，但是耶穌也與當時的權力集團針鋒相對。公開傳道後不久，祂就被羅馬帝國一個握有實權的地方執行官釘在了十字架上。

另外，這一切都發生在大約兩千年以前。那我們為何仍舊談論祂呢？為何這位耶穌如此不容忽視？

給耶穌一個機會

不管你個人如何看待耶穌，我們都一致認同耶穌是世界歷史中一個耀眼的人物。一位頗受尊敬的歷史學家如此描述耶穌的影響：「如果可以借助某種超強磁力，從歷史中吸走一切和耶穌之名相關的金屬碎屑，那還會剩下些什麼？」這是個很棒的問題，答案可能是「所剩無幾！」

從遙遠的歷史角度來說，耶穌是不容忽視的；從更近的角度來看，耶穌也是不容忽視的。想一想：你可能至少認識一兩個說自己是基督徒的人。他們可能經常去教會，唱關於耶穌的歌曲，並且為耶穌而唱。再追問的話，他們甚至會說自己與耶穌有關係，他們的生活總以耶穌為中心。不僅如此，你所在的城市可能被各種風格的教堂點綴著，可能其中一些教堂在星期天聚集了朝氣蓬勃的基督徒。關鍵是如果你稍微留心一下，你會發現到處都有東西使你想到這位生活在大約兩千年前的特別人物。這一切都使我們不禁要問：祂是誰？

這個問題不好回答，主要是因為我們尚未就『耶穌到底是誰』（無論是過去還是現在）達成廣泛一致的看法。確實，很少有人還懷疑祂的存在。人們一致認同其生平的基本事實、生活的年代和地點、祂死去的方式，但對於祂生死的重要性，人們有很大的爭議，包括那些自稱是基督徒的人。祂是先知嗎？是老師嗎？祂有截然不同的身分嗎？祂是神的兒子，還是只是個天賦異稟的人？祂認為自己是誰？祂死於羅馬人手下，這就

是計劃的一部分，還是祂在錯誤的時間、錯誤的地點被抓了？最大的問題是：在被處死後，耶穌像我們這些人一樣就那麼死了，還是祂⋯⋯沒有死？

儘管存有這些爭議，但大家似乎都認同一件事：耶穌是個卓越非凡的人。祂做的事和說的話不是普通人的所行、所言。耶穌的所言不只是妙言警句，這些話不是關於如何在世上活得更好的建議。不，耶穌說這樣的話：「我與父（祂的意思是指神）原為一」，還有，「人看見了我，就是看見了父。」還有最讓人震驚的：「若不藉著我，沒有人能到父那裏去。」（約10:30，14:6，14:9）

你明白我的意思嗎？一般人不會說這種話。神和我原為一？若不通過我，沒有人能到神那裏去？這些不是你可以考慮是否接受的道德說教，而是宣告，耶穌正嚴正地宣告祂所認為的真理。

當然你現在可能無法接受耶穌所說的話。你完全可以拒絕，但是想一想：慢一點做判斷是不是更合適？在拒絕祂關乎你的言論之前，是不是可以再多瞭解一下這個人？我斗膽作一請求：既然你已經開始閱讀本書了，那就給耶穌一個機會吧。也許隨著你更多地瞭解耶穌，你會明白為什麼你應該相信耶穌所說的關於祂自己、關於神的和關於你的話。

從哪裏瞭解耶穌？

怎麼瞭解一個生活在兩千年前的人？即使你相信復活，我們也不可能敲開天堂的大門，和耶穌喝杯咖啡聊一聊。那麼從哪裏瞭解耶穌呢？許多歷史文獻都涉及耶穌的存在、生卒，甚至復活，你能從中獲得一些有關耶穌的信息，但是大部分這類文獻都至少存在幾個問題。第一，很多文獻成書很晚，有的成書於公元後數百年，因此無法幫助我們知道耶穌究竟是誰。第二，大部分情況下，即使是最優秀的文獻，關於耶穌的內容也不是很多。這些文獻是關注其他問題的，因此只是約略或間接提到耶穌，而不是直接對祂進行詳細的記述。

然而有一個巨大的關於耶穌的信息寶庫，淋漓盡致地敘述了耶穌的所言、所行以及所是，皆為作者的親身經歷和親眼見證。這就是聖經。

等一下，先不要合上本書！我知道一提到聖經，有人就唯恐避之不及，因為他們認為聖經是「基督徒的書」，是有偏見的，無法從中獲得準確的信息。如果你這樣想，我會說你只講對了一半。聖經的確是一本基督徒的書。毋庸置疑，構成聖經第二部分的新約書卷是由相信耶穌話語的人寫成的，他們也相信舊約書卷是在期待耶穌的降臨。新約書卷的作者們是信徒，這些都不可否認，但這不意味著這些人另有所謀。想一想：他們圖什麼？個人的功名利祿？成為一個富有教會的掌權者？當然你可以懷疑這些，但如果這些是他們的目的，那他們的計劃

簡直是一敗塗地。新約書卷的大部分作者都知道，自己會因為記述耶穌而喪命，但他們還是繼續傳講。

你明白嗎？如果你寫書是為了一舉成名，為了權勢財富，那麼一旦刀架在你脖子上，你就會擱筆了。在這樣的情況下仍繼續寫作，唯一的可能就是，講述真正發生了什麼才是你的目的。這就是聖經的內容，是那些相信耶穌話語之人的親眼見證。這些人著書是為了準確地記錄耶穌是誰、祂說了什麼、做了什麼。你如何能瞭解耶穌？最好的方式就是閱讀這些書卷，也就是閱讀聖經。

基督徒相信聖經是我們瞭解耶穌最好的信息來源，也相信聖經是神的話，是神自己帶領聖經作者們寫下神自己想說的話，因此他們寫的每句話都是絕對真實的。可能你已經猜到我會這麼說了，我是一個基督徒，我相信關於聖經的這個觀點。

這點對你而言，現在可能還遙不可及。沒有關係，即使你不相信聖經是神的話，聖經仍然包含歷史事實。記錄這些事實的人想要準確地記敘耶穌的生平，所以如果沒有別的原因，暫且按這一觀點看待這些書卷吧！邊讀邊問，細緻審慎地閱讀，就像你讀任何其他的歷史文獻一樣。問自己：「我認為這是真的，還是假的？」我請求你公平地閱讀這些文獻。不要把這些書卷「嘭」地一下扔進「宗教垃圾」的箱子裏，不要一開始就斷定這些書肯定是愚蠢、虛假和蒙昧不化的。

新約書卷的作者們可是聰明人。他們是當時世界上最強盛帝國的居民，甚至是羅馬公民。他們閱讀的哲學與文學

作品，我們現在的學校裏仍然在讀。事實上，如果你跟我一樣，那他們讀這些書可能比你讀得更加仔細和透徹。而且他們知道虛實有別，他們知道何為想像虛構，也明白這些與事實真相有何不同。事實上，新約作者對兩者差異的把握遠比我們謹慎和敏銳。閱讀他們的書卷時，你會發現他們相信自己對耶穌的記述。他們對此感到震驚，但他們相信這一切，也希望別人相信。他們存著這樣的盼望而寫作：人們閱讀他們所說的，會像他們一樣瞭解耶穌，並且明白耶穌的確值得人們相信和信靠。

我希望本書通過這些早期基督徒的作品，幫助你瞭解耶穌。我們不會逐頁研讀任何一卷新約書卷，而是使用所有這些資源來嘗試認識耶穌，就像當時祂的跟隨者的經歷。首先他們認為耶穌是個卓越超凡的人，行事完全出人意料；然後他們很快意識到，「卓越超凡」不足以形容祂。這個人宣稱自己是先知、救主、君王，甚至就是神。如果祂沒有以行動來支持這些宣告，祂的聽眾完全有理由把祂當成瘋子或騙子。還有祂那出人意料的待人方式：憐憫那些被棄絕的人，斥責那些掌權的人，愛那些不可愛的人。最重要的是，耶穌宣稱自己是君王、是神，但祂看起來不像一個君王或神。當人們給祂皇冠時，祂拒絕了，祂告訴祂的跟隨者不要透露祂的真實身分，反而告訴他們當權者會很快將祂釘十字架，就像對待普通罪犯一樣。但是每次耶穌談起這些，就好像這些原本就是祂計劃的一部分。在觀察和聆聽耶穌的過程中，跟

從祂的人漸漸相信耶穌不只是一個卓越不凡的人。祂遠不只是一位老師、一位先知、一位變革者，甚至遠不只是一位君王。在一個晚上，他們其中的一個人對耶穌說：「你是基督，是永生神的兒子。」（太16:16）

你要考慮的最重要的問題

那麼耶穌是誰？這個問題一直都在。從牧羊人出現，說天使已經告訴他們耶穌降生的那一刻，到耶穌平靜風浪，使門徒大為震驚的那天，再到耶穌離世，太陽不再發光的那時刻，每個人都在問：「這個人是誰？」

拿起本書時，也許你對耶穌所知甚少，或者你已經知道了不少耶穌的事。無論哪種情況，我希望當你閱讀的時候，當我們一起探討耶穌生平的時候，你會更好地瞭解耶穌。不是作為一個學術課題或是一個宗教人物來瞭解，而是作為早期基督徒認識的一個人，或是作為一個朋友來瞭解。我希望你看到耶穌讓他們驚奇的地方，我希望你最終更加明白，為何無數的人說：「這是我永遠信靠的那一位。」

此外，我也希望這本書能讓你嚴肅對待耶穌的宣告。如果有人宣稱他是你的神，你其實只有兩個選擇，對吧？你可以拒絕這個宣告，你也可以接受這個宣告。你不能做什麼？你至少不能一直不做決定，等著看結果如何。耶穌奇妙的宣告是關於

祂自己的,也是關於你的。無論你喜歡與否,這些宣告對你的生命意義重大。所以我希望本書能使你認真地思考耶穌,幫助你更清楚地明白這些宣告及其意義,帶領你堅定地回答「耶穌是誰」這一問題。

毫無疑問,這是你要考慮的最重要的問題。

第二章

超乎卓越不凡

　　七點五十分，週五的早晨。華盛頓特區繁忙的地鐵站內，一個相貌平凡的男人乘扶梯上行，然後靠牆站好，打開小提琴箱，拿出樂器。小提琴看起來年代久遠，琴背有幾處漆已經脫落，露出光禿禿的木頭。男人把琴箱調轉向外，或許過路的人願意施捨點錢，然後他開始演奏了。

　　在接下來的45分鐘裏，這個男人演奏了一首古典樂曲的選段，上千個忙碌的華盛頓人在他身邊匆匆經過。有一兩個人專心聆聽，顯然陶醉在樂曲之中，但是自始至終沒有人圍觀。有個人意識到自己上班早了三分鐘，就靠在柱子上傾聽，剛好聽了三分鐘。而大多數人只是忙著自己的事情，看報紙、聽iPod、按照移動設備上的提醒奔赴下一個約會。

　　音樂很棒，縈繞在地鐵拱廊裏，無比精準地流淌著、跳躍著。事後一些人想起來，至少在留心聆聽的某一瞬間，覺得這音樂不一般。音樂家看起來普普通通，黑色的長袖T恤、黑褲子，戴著華盛頓國家棒球隊的帽子。儘管如此，你若駐足聆聽，就會情不自禁地發現，這不是一個樂手為掙點零花錢而拉

小提琴而已。作為一個樂手，這個男人的表現令人驚訝，甚至後來有人評論說，「大部分人演奏音樂，卻無法感受音樂；而這個人感受著音樂。他整個人融入到音樂中。」你只要聽一會兒，「就會立馬看出此人不簡單。」[①]

你當然能看出來，這個週五早晨在地鐵站裏演奏小提琴的人，不是普通的樂手，甚至不能單單用優秀來形容他。他是約書亞・貝爾，一位39歲享譽國際、技藝超群的演奏家。他通常在世界上最著名的音樂廳演奏，深受聽眾愛戴。觀眾為了不打擾他的演奏，會把自己的咳嗽忍到幕間休息。不僅如此，那天早上貝爾演奏的是最為精妙絕倫的巴洛克音樂，使用的樂器是擁有三百年歷史的史特拉底瓦里小提琴，價值約350萬美元。

整個場景美妙極了：空前絕後的樂曲，由在世的最有天賦的音樂家，在一把製作最為精準的樂器上演奏。儘管萬事俱備，你仍然需要駐足留心去聽，才能知道這樂曲到底有多美妙。

超乎卓越不凡

生活也常常如此，工作娛樂、家人朋友、柴米油鹽，搞得

[①] Gene Weingarten, "Pearls Before Breakfast"，《華盛頓郵報》2007 年 4 月報導。

我們忙忙碌碌，以致於我們容不下雄偉和美好的事物了。我們沒時間欣賞這些美好，因為這需要我們從忙碌中停下來，駐足在那些不緊急的事情上。

　　論到耶穌，也是同樣的情況。如果我們熟悉耶穌，就會發現大部分人對祂的認識很膚淺。也許我們知道幾個廣為流傳的耶穌的故事，或者我們能引用祂的一些名言。毋庸置疑，在耶穌的時代，祂的某些地方吸引了人們的注意力。祂是個卓越不凡的人，但是如果你想真正地認識耶穌，瞭解祂、捕捉祂的真正意義，那你得稍加努力。你得越過一般的爭論和老生常談，跳出熟悉的故事，去看這一切背後隱藏著什麼。因為就像看待地鐵站裏的小提琴演奏家，只把耶穌當成一個卓越的人，這將會是悲劇性的錯誤。

　　讓我們坦誠些，即使你不是「宗教」人士，即使你無法立即接受耶穌是神的兒子、世人的救主，你也不得不承認耶穌相當令人矚目。一次又一次，祂行的神蹟讓當時的人跌破眼鏡，祂說的話語讓人讚歎祂的智慧。當耶穌與他們對質時，他們要思考很久才能明白。

　　一世紀的耶路撒冷及周圍地區，曾經興起和衰亡過數以百計的宗教教師。乍看之下，很容易把耶穌也當成其中的一位。當時的宗教教導不同於今天，人們聆聽教導是為了獲取洞見，更加明白聖經，以及學習如何更加公義地生活，但同時也是為了娛樂。沒有電影、電視和智能手機，那你怎麼娛樂呢？帶上吃的，去聽講道！

對我們來說，這聽起來可能有點奇怪，不過也能讓我們更加明白耶穌是多麼非比尋常的一個老師。因為一世紀的以色列人聽了這麼多老師的教導，所以他們對教師品頭論足，就像我們評論電影演員一樣。委婉地說，這些老師們很難讓他們眼前一亮，所以當聖經一次次地說人們「希奇」耶穌的教導時，我們應該駐足留意到底發生了什麼？

這一難以置信的稱讚在福音書（聖經四卷關於耶穌生平的記載）中出現了不下10次（太7:28，13:54，19:25，22:33；可1:22，6:2，7:37，10: 26，11:18；路4:32）。例如，耶穌在山上教導完之後，馬太記載：「耶穌講完了這些話，眾人都希奇他的教訓，因為他教訓他們，正像有權柄的人，不像他們的文士。」（太7:28-29）不要錯過這裏的諷刺！眾人說，文士們本該在教導上有權柄，但他們無法企及耶穌和祂的教導。耶穌每到一地，人們都有這樣的反應。

有時這種情緒用不同的話語來表達。看看耶穌第一次在他的家鄉傳道時人們的反應：「大家都稱讚他，對他口中所出恩惠的話感到驚奇。」（路4:22，新漢語譯本）

在迦百農這座小漁村的情形是：「眾人對他的教導感到驚訝，因為他教導他們的時候，好像是帶有權柄的。」（可1:22，新漢語譯本）

再回到祂的家鄉：「許多人聽了都感到驚訝，說：『這人的這些本事是從哪裏來的呢？賦予他的究竟是怎麼樣的智慧呢？』」（可6:2，新漢語譯本）

　　然後是在耶路撒冷的聖殿裏，場面更大：「祭司長和文士聽見這話……卻又怕他，因為眾人都希奇他的教訓。」（可11:18）

　　一次次地，人們對耶穌的反應是困惑不解和難以置信。（另參見太13:54，22:22、33）在一個視教導為公眾娛樂方式的文化中，耶穌得到了超乎尋常的評價。

為何如此希奇？

　　為什麼？耶穌的教導有什麼不同尋常、惹人注目的地方呢？部分原因在於：一旦人們開始挑戰耶穌，問他問題，耶穌就猶如一位大師級的博弈高手。他輕而易舉地避開話語上或智力上的陷阱，把火力轉回到設置陷阱的人身上，並在這個過程中，不僅贏得辯論，還在靈性上挑戰每一個聽眾。我們看一個例子。

　　《馬太福音》第22章，耶穌有一次在耶路撒冷的聖殿教導人，一群猶太領袖湊近他，想要質問他。這不是一場偶然的會面。這些領袖一手策劃了整個場景，故事的開頭甚至說法利賽人「商議怎樣就著耶穌的話陷害他」。他們也想將這件事行在大庭廣眾面前，所以耶穌在聖殿裏教導人的時候，很可能他們穿過人群，走上前來打斷耶穌的話。

　　他們上來先諂媚一番，虛情假意地說：「夫子，我們知道

你是誠實人，並且誠誠實實傳神的道，什麼人你都不徇情面，因為你不看人的外貌。」可以看得出來他們的用意，他們是在強迫耶穌回答接下來的問題，暗示說如果耶穌不回答，祂就是個十足的騙子。

舞臺搭好了，他們問耶穌：「請告訴我們，你的意見如何？納稅給凱撒可以不可以？」（太22:15-17）他們一定是處心積慮才想出了這個問題，因為這個問題非常巧妙。他們想要擊敗耶穌，不擇手段地終結耶穌的影響，甚至要逮捕祂。他們的計謀是：在當時法利賽人中流行的觀念裡，向異邦政府表示任何尊重，包括納稅都是犯罪，他們也如此教導人。他們認為，這樣做在本質上是不榮耀神的。那麼想一想：法利賽人想讓耶穌如何回答他們的問題？公開地認同他們的觀點，即納稅是不可以的，本質上是不榮耀神的？還是不認同？

事實是，他們不在乎耶穌如何回答。他們認為無論耶穌怎麼回答，他們都能抓住耶穌的把柄。如果耶穌說：「是的，納稅是可以的」，那就會激怒人群，動搖耶穌的影響；但如果耶穌說：「不可以，不要納稅」，那就會因公開煽動、分裂而招惹羅馬人的怒氣，祂可能會被逮捕。這樣的話，祂的影響力也會終結。無論哪種情況都是法利賽人想要的，結果都會終結耶穌的勢力。但是耶穌避開了陷阱，把問題掉了個頭，再一次讓所有人都希奇。

耶穌說：「拿一個上稅的錢給我看！」他們就拿給祂一個銀錢。耶穌看了銀錢，向人群舉起來，問道：「這像和這號

是誰的？」這個問題不難。他們回答：「是凱撒的！」他們回答得對，銀錢上就是皇帝凱撒提庇留的頭像和名號。這表明了銀錢是誰的，是屬於凱撒的。銀錢上有凱撒的頭像，是在凱撒的造幣廠製造的，而猶太人為了便利，顯然也樂意使用這些銀錢。既然這樣，他們為何不該把顯然是凱撒的東西歸給凱撒呢？所以耶穌對他們說：「這樣，凱撒的物當歸給凱撒；神的物當歸給神。」（太22:19-21）

這是個顯而易見的回答。這是凱撒的銀錢，要納稅，但是聖經說，人們聽到這話時感到很希奇。為什麼？一方面，耶穌剛剛重新定義了猶太人應該如何看待他們與羅馬人之間的關係，同時耶穌也削弱了法利賽人的教導。無論你從哪個角度看，把屬於凱撒的東西以不同的方式歸給他，不是不榮耀神的做法。

但耶穌的話還有另一層含義，讓人們目瞪口呆、希奇不已。回想一下耶穌給眾人看銀錢時間的問題：「這像是誰的？」當人們回答是凱撒的像時，耶穌就以此作為所有權的證據。銀錢上是凱撒的像，因此凱撒擁有銀錢，人也因此應當將凱撒的東西歸給他。但耶穌在此說，你也應當將屬於神的東西歸給神。也就是說，你應當將有神的形像的東西歸給神。而這到底是什麼呢？

當然，人群中的所有人都馬上明白了。耶穌說的是《創世記》1章26至27節，神宣告創造人類的計劃：「我們要照著我們的形像，按著我們的樣式造人……神就照著自己的形像造

人，乃是照著他的形像造男造女。」你看見了嗎？耶穌說的是比政治理念更深刻的東西。耶穌說，如同凱撒的像印在錢幣上，神的形像也印刻在了人的所是上，所以你們是屬於神的。當人承認凱撒的像，把他的銀錢歸給他，凱撒會在一定程度上被尊榮。當人看到自身中神的形像，將自己盡心、盡性、盡意、盡力歸給神時，神就得著更大的、無限的榮耀。

我希望你能夠明白耶穌在對祂的聽眾教導什麼。比任何政治理念或兩國關係更重要的，是每個人與神的關係。耶穌教導，我們所有人都是神創造的，而你的確是神所創造的。你是按照神的形像和樣式被造的，因此你屬於神，應當服在祂的權柄之下。因此耶穌說，你應該把神當得的歸給神。這不是別的，正是你這個人。

沒有人做過這樣的事

怪不得人們對耶穌的教導表示驚奇。短短幾句話，耶穌就制服了前來挑釁的人，重新定義了當時普遍流行的政治理念，同時追究到了人類存在的最根本意義。這樣的教導本身就足以吸引人。

並且耶穌還行了很多神蹟，成百上千的人親眼看到耶穌做了很多人類做不到的事情。耶穌醫治病人；祂使水瞬間變作美酒；祂吩咐瘸腿的人行走，他們就行走了；那些因精神失常沒

有指望而遭棄絕的人，耶穌使他們恢復正常。耶穌甚至讓死了的人再活過來。

那個時代的人們也不會在這類事情上愚昧。不錯，他們是活在很久之前，但這不意味著他們就是愚蠢、蒙昧的。他們不會每天走來走去，聲稱自己看到了神蹟。事實上，這就是為什麼在不同的聖經段落裏，人們對所發生的事情目瞪口呆、震驚佇立。這些人看到耶穌所做的事情都感到很驚訝。更重要的是，由於很多人試圖獲得宗教大師的名聲，所以一世紀的猶太人特別擅長辨認騙子和冒牌貨。他們精於看穿法術師的幻象，笑著搖頭離開那些想用把戲裝成「神蹟」的傢伙。總之，這些人很不好騙。

但是耶穌卻讓他們大為驚奇。不像其他的那些人，這個人是真的卓越不凡。其他人都是變戲法，這個人卻成百上千地醫治病人，甚至自己精疲力竭、不得不休息。祂用五餅二魚餵飽了五千人，這五千人在當時就成為了這件事的親眼見證者。耶穌駐足在一個長期癱瘓的人身邊，告訴他起來行走，這個人就起來行走了。祂站在船頭，斥責風浪，風浪就平靜了。祂站在一個死了四天的人的墳墓前，吩咐他活過來。這個人聽見祂的話，就起身走出了墳墓。（參見太8:24-27，9:6-7，14:13-21；約11:43）

沒有人做過這樣的事。

從來沒有。

人們因此深感驚奇。

都是為了一個目的

但這些還不夠，如果你真的加以留心，如果你越過這一切的神奇，去問更深刻的問題：耶穌為什麼做這些事？你會明白，這都是為了一個目的。

耶穌所行的每一個神蹟、所講的每一篇講道都是在做關於祂自己的宣告，並證明這些宣告，這是任何人都不曾做過的。以耶穌最為有名的佈道為例，《馬太福音》第5到第7章的登山寶訓。乍看之下，這篇講道像是一篇關於什麼該做、什麼不該做的普通道德說教：不要發誓；不要犯姦淫；不要貪戀；不要動怒。但是再仔細看一下，你會發現「如何行事」根本不是其重點。實際上，登山寶訓是一個關於耶穌自身的大膽宣告，即耶穌有權解釋以色列的舊約律法，解釋它的意思以及它起初的用途。這就是為什麼耶穌在這篇講道中一次次地說：「你們聽見有話說……只是我告訴你們。」（太5:21-44）重點在「我」。耶穌在做一個重大的宣告，祂才是以色列國正當的立法者。此外，看看祂在什麼地方做出這一宣告：耶穌有意在山頂上做這個宣告，而正如每個以色列人所記得的，那至高的律法賜予者（神）賜下舊約律法，就是在一座山頂上對祂的百姓說話。（參見出19:16-20）明白嗎？耶穌在為自己宣告一個驚人的權柄，這個權柄是其他任何人都不敢宣告的。

接著在墓前，耶穌對死人的姐姐馬大說：「你兄弟必然復活。」馬大顯然感激耶穌的提醒。「我知道，」她回答，「在

末日復活的時候，他必復活。」是的，是的，我知道，謝謝你善意的同情，你的同情讓我在這困難的日子甚覺安慰。但是她不明白耶穌的意思。耶穌在當時如果接著對她說「不，我的意思是，我要讓他復活，他幾分鐘內就會復活」，那就足夠讓人驚訝了。但耶穌說的遠勝於此，祂說：「復活在我，生命也在我。」（參見約11:23-25）千萬別一眼帶過，錯失這話！我不只是可以賜予生命，我就是生命！

什麼樣的人能說這種話？什麼人會聽到朋友滿懷敬畏地對自己說：「你是基督，是永生神的兒子」，然後原原本本地回答道：「是的。這是神親自指示你的。」什麼人被他自己國家的統治者問：「你是那當稱頌者的兒子基督嗎？」他回答說：「我是，你們要看見人子坐在那權能者的右邊，駕著天上的雲降臨。」（太16:16-17，26:63-64）

這肯定不是普通人。這人不會只想被看為偉大的教師，被尊為好人，或者被奉為有影響力的哲士。不是這樣的。一個用這些詞語談論自己的人，他所宣告的東西，遠比這些宏大、榮耀、深刻和撼動世界。而這正是耶穌所做的，至少是為那些用心留意的人所做的。

祂在宣告自己是以色列以及全人類的君王。

第三章

以色列之王，萬王之王

1597年，在莎士比亞筆下，亨利四世抱怨身為君王的責任。「我的幾千個最貧賤的百姓，」國王哀怨道，「正在這時酣然熟睡。」①國王納悶，為何睡眠寧可棲息在窮人搖搖欲墜、骯髒的陋室，也不願駐停在國王的宮殿裏；睡眠將安息送給一個被海浪顛簸、全身濕透的年輕水手，而不願賜給身處安謐舒適的國王。「戴王冠的頭不能安於他的枕席！」亨利國王哭喊道。②

莎翁的這段話很有意思，因為它含有深刻的諷刺。按理說國王擁有一切。國王握有財富和權力，擁有軍隊的保護，有華麗的宮殿居住，有僕人照顧他們任何的需要。誰不夢想這些呢？但是如果你懂得點歷史，就會知道亨利國王說得對。伴隨國王身分的不是不受打擾、奢侈安逸的生活，反而是常常的不安、恐懼，甚至是多疑、妄想。一旦戴上了王

---

① 威廉·莎士比亞，《亨利四世》，下篇，第 3 幕，第 1 場。

② 同上。

冠，你就需要守住它，不只一位君主意識到這是多麼困難和危險的事情，但都為時已晚。

但是還有一種人，他們要保住頭比國王還難，就是那些自稱是王卻又無人承認的人。這些人實際上沒有王權，卻宣告自己擁有王權，歷史對他們從不手軟。是的，有那麼一丁點贏得王位、登上寶座的機會，但更有可能會一敗塗地。如果你未能如願坐上王位，你不可能只是說聲「抱歉」，然後繼續自己的生活。更可能的是，你會丟掉那顆你原本打算佩戴王冠的腦袋。

耶穌非常吸引人，一個原因是祂狠狠地打了當權者一記耳光。耶穌是個貧窮的木匠，來自以色列北部一個無足輕重的小村鎮。耶穌不僅與祂本族的領袖格格不入，也與在那裏執政的羅馬權力對立。光這點就告訴我們，我們面對的不僅僅是一位宗教老師，用箴言警句教導人們如何生活；我們面對的也不僅僅是一位道德哲士、倫理智士。不是的。當耶穌被羞辱地掛在羅馬的十字架上並死去時，羅馬人把罪狀掛在了耶穌頭部的上方：「這是猶太人的王耶穌。」（太27:37）這是對耶穌極大的嘲諷，也是在嘲諷整個被壓迫的民族。

耶穌的故事不是一個關於好人的故事，而是關於一個人宣稱自己是王的故事。

以色列的王位不再無主

根據聖經，在約旦河受了施洗約翰的洗禮後，耶穌開始了公開的侍奉。

此時，約翰已經傳道數月，勸人們為自己的罪悔改，簡單地說就是離棄罪。因為約翰宣告說，神的國，也就是神在地上的統治「近了」（太3:2）。換句話說，神所揀選的君王將要來到，人們迫切地需要為王的降臨預備自己。作為悔改的記號，約翰讓人們浸入河裏，表明他們已經從罪和不義中得潔淨。耶穌也以同樣的方式受洗，這具有深刻的意義，對此我們稍後再說。但現在我們能看得出來，當施洗約翰看到耶穌朝他走來時，他立即認出這個人就是他一直以來所傳講的那一位。他說：「看哪，這就是我曾說『有一位在我以後來，反成了在我以前的，因他本來在我以前。』」（約1:29-30）

重點在於約翰知道神的國將要在地上建立了，這是他傳講的全部信息。現在他告訴人們耶穌是這個國度的君王。更有意義的是，這不只是約翰個人的信仰。耶穌自己說，約翰是最後一位舊約先知，是歷世歷代先知的最後一位。這些先知們最大的目的是讓整個民族的眼目轉向那位真正的君王，這位君王最終會蒙差遣，把以色列民從罪中拯救出來。現在約翰宣告，這一時刻已經到來。那位君王就在這裏。

接下來發生的事情你可能已經聽說過了。聖經說，耶穌受了洗從水中上來時，「神的靈彷彿鴿子降下，落在他身上。

從天上有聲音説：『這是我的愛子，我所喜悦的。』」（太3:16-17）這件事情的意義不只在於鴿子，也不在於每個人都立即明白那聲音是神的聲音，而更多在於這個聲音説了什麼。通常在聖經中，幾乎每個詞都具有意義，有時甚至是多重意義。但是有個細節特別突出：通過這句 「這是我的愛子」，神授予耶穌以色列民族古老的王冠。耶穌正式成為了猶太人的君王。

我們是怎麼知道的？眾所周知，「神的兒子」是以色列君王的稱號，從舊約時代就是如此，起源於以色列離開為奴之地埃及的時候。神聽到以色列人的祈求，拯救他們脱離埃及人時，神對埃及法老説：「以色列是我的兒子，我的長子。我對你説過，『容我的兒子去，好侍奉我。』」（出4:22-23）這是在宣告對以色列民強烈、偏袒的愛。這個愛將以色列民分別出來，使他們不同於世界上其他的民族。神警告法老，祂將為以色列爭戰，因為祂愛他們，他們是祂的兒子。

數年後，「神的兒子」這一稱呼也被賜予以色列的君王。論到偉大的君王大衛及其後裔，神説：「我要作他的父，他要作我的子。」（撒下7:14）此處的象徵很重要：以色列的君王被稱為「神的兒子」，如同以色列民一樣，因為君王是整個民族的代表。君王代表百姓，甚至代替他們降服在神面前，所以發生在他個人身上的事情也可以看作是發生在整個民族身上的。就象徵意義而言，君王就是以色列。

明白了這點，你就會明白神在耶穌受洗時所説的話意義有

多麼大。是的，神是在描述祂與耶穌之間的聖父子關係（後面還有更多相關的描述），但是神也在宣告耶穌作為以色列的君王，現在正式開始代表他們。從那刻開始，在神面前耶穌成了祂百姓的替代者、代表，甚至是他們的得勝者。

耶穌一直都知道君王的職分理當屬於祂。祂常常告訴人們對此要保密，甚至有一次拒絕人們加冕祂作王。這根本不是因為耶穌拒絕這個職分，而是因為祂知道，自己將成為一個與人們的期待和需要完全不同的君王。祂會按自己的方式作王，而不是按人們錯解的革命方式。

事實上，當人們真的明白了他們所擁立的是誰時，耶穌立即接受了人們的夾道歡迎。《馬太福音》16章講到一天晚上，剛剛結束了與以色列統治者的對質後，耶穌問自己最親近的跟隨者，眾人認為祂是誰。答案五花八門，祂的跟隨者說：「有人說是施洗的約翰，有人說是以利亞，又有人說是耶利米或是先知裏的一位。」顯然耶穌很驚訝，因為人們認為祂肯定是從墳墓裏復活的一個人。然而無論人們怎麼想，耶穌更在意自己門徒的想法。「你們說我是誰？」耶穌問道。這個問題難住了他們，一個名叫西門的人先開口了。他回答說：「你是基督，是永生神的兒子。」

我認為西門的意思實際上不只是這個，但他至少擁戴耶穌為以色列的王：你是那位受膏者（這是希臘語中「基督」的意思）、神的兒子、君王！而耶穌是怎麼回應的？耶穌接受了這一擁戴，還慶祝了一番。耶穌說：「西門巴約拿，你是有

福的！因為這不是屬血肉的指示你的，乃是我在天上的父指示的。」耶穌立即給西門改名為彼得。彼得已經認識到了耶穌自我身分的宣告，祂就是以色列合法的君王。（太16:13-20）

《路加福音》19章講述了另一個故事，在十字架死刑一週前，耶穌以引人注目、非常公開的方式宣告了自己君王的身分。耶穌和門徒正前往耶路撒冷過一年一度的逾越節，所以很可能有成百上千的人在那週湧入耶路撒冷城，因為這是猶太曆中最重要的節日。接近耶路撒冷城時，耶穌差幾個門徒去一個名叫伯法其的小村莊，吩咐他們把在那等著他們的驢駒牽來。聖經之後說耶穌騎在驢駒上，開始了從伯法其到耶路撒冷的短暫行程，有一大群人跟著祂。接下來發生的事情是：

> 將近耶路撒冷，正下橄欖山的時候，眾門徒因所見過的一切異能，都歡樂起來，大聲讚美神，說：「奉主名來的王是應當稱頌的！在天上有和平，在至高之處有榮光。」（路19:37-38）

> 眾人多半把衣服鋪在路上，還有人砍下樹枝來鋪在路上。前行後隨的眾人喊著說：「和散那歸於大衛的子孫！奉主名來的，是應當稱頌的！高高在上和散那！」（太21:8-9）

所有這些都充滿了意義。人們在耶穌面前揮舞樹枝，將他

們的衣服鋪在路上，這是向王室臣服的象徵。他們還稱耶穌為王，宣稱祂是大衛的子孫。最重要的是，人們引用了一首古代的詩歌。古時當君王進入聖殿獻祭時，人們用這詩歌迎接君王（詩118:26）。

　　整個場面蔚為壯觀，耶穌有意引人注意。一些法利賽人聽見人們的歡呼，意識到了他們在說什麼，就震驚地向耶穌抱怨：「夫子，責備你的門徒吧！」你明白這些聖殿當權者在做什麼嗎？他們想讓耶穌認同他們，認為人們歡呼擁戴祂做王是不恰當的；他們想讓耶穌否認自己的君王身分，但是耶穌並不買賬。耶穌回答：「我告訴你們，若是他們閉口不說，這些石頭必要呼叫起來。」（路19:40）不會再遲延了，時候到了，這位君王就要抵達自己的都城了。

　　六百年來，以色列的王位無人問津，但從現在開始不再無主了。

真正的君王，真確的王位，真實的歷史

　　當日耶穌騎驢進入耶路撒冷的意義，我們今日很難完全理解。我們容易認為，擁擠在耶穌身邊的人們是處在某種宗教狂熱中，當他們清醒過來回到家時，就會忘記這一切。但是這些人不是在宣告一個冒牌的宗教君王，他們宣告的是一位真正的君王，祂將坐在真正的王位上譜寫真實的歷史。

以色列國並非一直都有君王。溯其起源,以色列國不過是一個大家庭,起初由一系列族長帶領,然後由一長串先知和士師帶領,神興起他們管理和保護以色列民。然而,以色列民後來要求他們的大先知撒母耳為他們膏抹一位君王。撒母耳拒絕並警告他們,他們期待的君王會帶來危害,但是民眾仍然堅持,所以最終加冕了一位君王。大衛王統治時期,以色列國達到鼎盛。大衛是來自伯利恆的一個年輕牧羊人,神出人意料地揀選他來管理這個國家。大衛蒙神的祝福和引領,在以色列迅速崛起,最終於公元前1000年左右登上王位。他將以色列十二個支派聯合在一個王權之下,制服了以色列國的敵人,佔領了耶路撒冷並使其成為王國的首都。最重要的是,神應許要堅立大衛的王朝直到永遠。

人們尊大衛為最偉大的以色列王,以至於後來的權柄被稱為「大衛的國」,其王位被稱為「大衛的寶座」。大衛自己是一位有名的勇士、富有天賦的樂師、一位智者,甚至是一個詩人。以色列的詩篇裏,一半以上的詩是大衛寫的。人們也以大衛為信心和公義的楷模。不是因為大衛是完美的,他完全不是,而是因為他深深地愛慕神,深刻地知道自己的罪和需要,並深信神會給予憐憫、赦免他的罪。聖經甚至說,神稱大衛是「合他心意的人」。(撒上13:14)

大衛於公元前970年左右去世,他的兒子所羅門繼承他做以色列王。至少在初期,所羅門的統治在很多方面甚至比他父親更加輝煌。以色列的財富和影響力大大增長,像是進入了黃

金時代，然而所羅門統治四十年去世後，以色列王國立即衰落，陷入混亂。一場內戰很快將國家分為兩個不同的王國，即北國以色列和南國猶大。接下來的幾個世紀見證了兩國君王們陷入拜偶像和極度邪惡的罪中。北國的王亞哈斯甚至將自己的兒子活活燒死，獻祭給異教的神明。

在這期間，神差遣多位先知警告以色列和猶大離棄自己的罪、轉向神。神說，他們若悔改轉向神，神就會赦免他們，使他們重新成為一個國家。如果他們不悔改，審判與死亡將會臨到他們。但沒有一個國家悔改，因此大約在公元前700年，強大的亞述帝國入侵北國以色列，將其人民擄走。之後南國猶大苟延殘喘了一個多世紀，在公元前586年，巴比倫王尼布甲尼撒入侵猶大，毀壞了耶路撒冷及聖殿，將其人民擄到巴比倫。入侵的巴比倫人俘虜了大衛族裔的君王，弄瞎了他的雙眼，將一個鉤子穿過他的鼻子，把他強行帶到巴比倫拘禁起來。他在那裏度過餘生，被邀請在尼布甲尼撒王的桌邊用飯。這個細節可能聽起來不錯，但這不是一種榮耀，而是一種羞辱。以色列王大衛的後裔如今不過是個瞎子，一無是處，只能依靠巴比倫王為生。

時間流逝，波斯帝國戰勝了巴比倫人，然後希臘人推翻了波斯人，羅馬人又吞併了希臘人，然後以色列從未再次獨立或重立王位。她始終附庸於其他國家並受壓迫。六百年來，大衛的寶座上一直沒有人。

然而人們還有希望，因為在以色列分裂、衰落和滅亡期

間，先知們不斷地預言一個大衛王朝要被重建的日子。事實上，他們告訴以色列人，有一天神要差遣一個君王，祂要坐在大衛的寶座上，以完全的公義和公平進行治理。祂要被神的聖靈膏抹，要使以色列百姓的心單單敬拜神，祂要以智慧、憐憫和慈愛掌權到永遠。不僅如此，神還應許大衛的王位不再僅僅是一個國家的王位，神要使大衛寶座的權柄遍及全地，地上的萬民都要湧入耶路撒冷，敬拜以色列王，這位萬王之王。（參見賽9章，11章；彌5章）

當以色列人看著他們的君王一個個墮入邪惡並落到神的審判之下，所有這些預言都聽起來滑稽可笑。而當大衛後裔的最後一位君王在巴比倫人面前搖尾乞憐，最終被挖去雙眼，這些預言似乎又成了無情的奚落。但是如果仔細聆聽這些預言，人們也會發現，先知們所談論的這位應許的君王聽起來不像是一個普通人，坐一段時間的寶座然後死去。祂聽起來非常的不同凡響。實際上人們如果聽了，就會知道他們的神不僅應許要差遣一位君王到以色列，而且神自己要降臨並做他們的王。看看先知以賽亞如何預言這位偉大君王的降生：

> 因有一嬰孩為我們而生，
>
> 有一子賜給我們，
>
> 政權必擔在他的肩頭上。

這裏沒有什麼特別顯眼的，對嗎？聽起來是一般的君

王。但是接著讀：

> 他名稱為奇妙、策士、全能的神、
> 永在的父、和平的君。
> 他的政權與平安必加增無窮。
> 他必在大衛的寶座上治理他的國，
> 以公平公義使國堅定穩固，
> 從今直到永遠。（賽9:6-7）

這可不是普通的君王，沒有哪位普通君王的統治是「從今直到永遠」的，沒有哪位普通君王的政權會加增無窮，沒有哪位普通的君王可以被人稱為奇妙策士、永在的父、和平的君。最重要的是沒有哪個人，君王也好、平民也罷，可以名副其實地稱自己為全能的神。沒有人，只有神自己才行！

驚歎不已，令人瞠目

我總是想像西門彼得小聲地說「你是基督，是永生神的兒子」的畫面，他是如何地目瞪口呆、肅然生畏。對他來說，一切都明朗起來。古時的君王都被稱為「神的兒子」，每個人都以為這只是個稱號。但這不只是個稱號，這是神指向未來的方式，是神顯明自己旨意的方式，就是神自己要坐在大衛的寶座

上。正如先知們所預言的，那偉大的君王將是「神的兒子」，
這不只是象徵性的，不只是個稱號，而是事實。神自己要成為
那位君王。

這是彼得所認識到的。坐在他面前的這一位是君王、是基
督、是以色列的受膏者，因此祂是「神的兒子」。祂也確實是
神的兒子，祂不僅是以色列的王，也是萬王之王。

彼得意識到，這個人是神。

第四章

至高的「自有永有者」

彼得不是突然意識到耶穌是神的。他與耶穌在一起已經一段時間了,看見耶穌行神蹟、醫治原本無法治癒的人,甚至使死人復活。這些事情足以讓任何人感到驚奇。

但還有更讓人驚訝不已的時候,那就是連大自然也屈身聽從耶穌。

耶穌開始公開傳道不久,就發生了這樣一件事。耶穌能夠醫病趕鬼的消息不逕而走,人群蜂擁而至。耶穌耐心、仁慈地接待他們,接連數小時為他們趕鬼和醫治疾病。這天耶穌累極了,祂已經在加利利海邊連續幾小時醫治和照顧人。又有一大群人向祂湧來,耶穌和祂的門徒上了船,駛向海的對岸。

耶穌和門徒十分熟悉加利利海。耶穌的教導和醫治很大部分發生在加利利海周邊的漁村裏。耶穌的一些門徒,包括彼得,在跟隨耶穌之前,就在這裏以捕魚為生。加利利海並不大,實際上加利利海並不真是一個海,而是一個淡水湖。湖周長只有大概100多里,但它低於海平面200多米,四周環繞著深

谷溝壑，因此吹進湖中的風常常很猛烈。所以除了盛產魚類，加利利海也以隨時會有惡劣的風暴而聞名。

那一天，耶穌和門徒起航幾個鐘頭後，這樣的事就發生了。當時他們已經接近湖心，已經離岸太遠不能調頭，惡名昭彰的風暴來了。不過這次顯然不是普通的風暴。當時在場的一個門徒馬太經歷過很多這樣的風暴，他寫道，這是一場「大風暴」。這場風暴超乎尋常地惡劣，以至於馬太用了「地震」一詞來描述（太8:24，新漢語譯本）。馬太想讓我們知道，這不僅是一場風暴，這更是水上的地震。狂風呼嘯著吹過溝壑，吹到湖中，門徒們的小船在湖心的巨浪中顛簸，幾乎被吞沒。

可想而知，門徒們被嚇破了膽。這是人自然的反應，小船會輕易地被撞翻、撞碎，不再會有人聽到他們的聲音了，所以他們非常害怕。但是耶穌不害怕，祂在船尾睡著了。門徒們奔向耶穌，叫醒祂：「主啊，救我們，我們喪命啦！」這是馬太的記錄。馬可記錄的是：「夫子，我們喪命，你不顧嗎？」而路加說的是：「夫子，夫子，我們喪命啦！」（太8:25；可4:38；路8:24）很可能當時門徒們說了很多話，但有一件事很清楚：門徒們知道自己有麻煩了，他們想讓耶穌做點什麼！

我們先在這裏暫停一下，門徒們在危險中跑去找耶穌，這件事很有趣。我的意思是，他們究竟想讓耶穌做什麼呢？我不認為他們真有什麼切實可行的計劃。顯然門徒們見識過耶穌的大能，他們認為祂可以做點什麼。但另一方面同樣清楚的是，沒有人說：「我們真的應該冷靜下來。神在船後面睡覺呢！」

所以他們可能只是期待在風暴肆虐時，耶穌能保護他們，或者讓船行駛得快一點兒，或是瞬間讓船到達對岸。我們不知道，但可以肯定的是，耶穌所做的是他們從未想到的。

故事繼續……驚恐的門徒們衝向船尾，搖醒耶穌，然後耶穌做了件絕對讓人震驚的事情。耶穌坐起來，可能揉了揉眼睛，然後對他們說：「你們這小信的人哪，為什麼膽怯呢？」（太8:26）我不禁想，是否有一兩個門徒，特別是彼得差點要說：「我們為什麼膽怯？你是在開玩笑嗎？」但是沒有人說話，聖經說耶穌平靜地起來「斥責」風和海，祂說：「住了吧！靜了吧！」（可4:39）

多麼吸引人的一個詞，耶穌「斥責」風和海，就像父親管孩子一樣。你曾試想過斥責風浪或是抱怨風暴嗎？想去海邊和颶風講理，批評它做的「好事」？然而聖經說，耶穌讓風暴平靜，風暴就平靜了。馬可寫道：「風就止住，大大地平靜了。」這些門徒都曾見過風暴平息，甚至見過迅速的平息，但是從未見過這樣的平息。通常即使風暴突然停歇，水波仍然會起伏一陣才能平靜下來，但是這一次風和海立刻停住了，變成超乎自然的平靜。門徒們濕淋淋地站在那裏，目瞪口呆，驚奇地看著彼此，再看耶穌，又看彼此。聖經沒有說是誰最後問了那個問題，但我敢說其他人也點頭認同，至少是安靜地、同樣驚奇地搖著頭：「這到底是誰，連風和海也聽從他了？」（可4:41）

遠超乎一位君王

我很好奇，當彼得說「你是基督，是永生神的兒子」時，他是否想到了耶穌平靜風浪的那天（太16:16）。有人認為，彼得只是認識到耶穌是以色列合法的君王，沒有更深層的意思了。他們說這只是一個政治聲明，再沒別的了，但我不這麼認為。上次門徒們稱耶穌為「神的兒子」，完全是因為耶穌剛剛做了一些特別的事情，這使得祂遠勝於君王。不僅如此，這件事對彼得本人來說也是沒齒難忘的。

那次的情況實際上跟耶穌這次平靜風暴非常相似。門徒們正坐船到湖的對岸，就像上次，風開始刮起來，海浪擊打著船身。整個場景看起來很熟悉，只有一個很大的不同：這次耶穌不在船上。

就在這一天，耶穌剛剛用五餅二魚餵飽了五千多人之後，祂讓自己的門徒先去加利利海的對岸。可能他們以為耶穌會另外雇一艘船，或是沿湖走過去。不論他們怎麼想，門徒們坐船去對岸了。耶穌留了下來，服侍完眾人後，退到附近一座山的山頂上去禱告。

此刻，門徒們正在船上度過艱難的夜晚。船遇到了麻煩，風浪又起來了，門徒們很害怕。聖經說當時是夜裏四更，約在清晨三點到六點之間。他們向船外看，看到有個人正在海面上朝他們走來。他們從害怕變為驚恐，哭喊道：「是個鬼怪！」

接下來發生的事情，是耶穌生平中最有名的事件之一，或許也是意義最深刻的事件之一。聽到門徒們的喊叫，耶穌對他們大聲說道：「你們放心，是我，不要怕！」停下來再思考一下這句話，因為顯然在這短短的一句話裏，彼得找到了信心。彼得向前探身，說：「主，如果是你，請叫我從水面上走到你那裏去。」這句話真讓人震驚。你肯定會想，其他門徒是不是認為彼得瘋了。彼得沒瘋。耶穌剛才說的話裏有一些內容讓彼得恍然大悟，他現在決定要試一試。耶穌肯定也知道彼得的想法，於是祂發出邀請：「你來吧！」接著彼得從船裏邁出來，站在水面上，一步一步往前走。聖經沒有告訴我們彼得走了多遠，但是還沒到耶穌那裏時，彼得發現大風朝他狂吹，海水拍打著他的雙腿。眼目離開耶穌後，彼得就害怕了，並且開始往下沉。他喊著讓耶穌來救他，聖經說，耶穌「趕緊」伸手拉住了彼得，把他帶回了船上。這一次，耶穌甚至不用大聲命令，當祂和彼得回到船上時，風暴就止息了。

馬太告訴我們，這時「在船上的人都拜他，說：『你真是神的兒子了。』」（太14:26-33）

他們稱耶穌為「神的兒子」是什麼意思呢？說耶穌是以色列合法的君王嗎？還是授予耶穌一個王室頭銜，就像在祂之前的數十位君王所擁有的？不是的。這些門徒剛剛看到這個人在海面上行走，叫他們的一個同伴也在海面上行走，不用發命令就平靜了風浪。想想，一開始是什麼使彼得從船裏邁出來。在耶穌的話「放心，是我」裏，彼得聽到了什麼？

使他不只是說：「好了，別害怕了，是耶穌」，並且還真的走在了水面上。為什麼他忽然有了這樣的信心？相信耶穌完全掌管著一切的局面。

答案是句子裏的「是我」。雖然這句話沒有語法上的錯誤，但卻沒有精確地傳達出耶穌的意思。確切地說，耶穌說的是：「放心，我是自有永有的。」就是這句話讓彼得深深相信耶穌。他聽到他的主不只是說：「是我！耶穌！」，而是在用以色列全能神的名字來稱呼自己。

回到以色列出埃及的時候，其中最有趣的部分是摩西與神的爭執。他抱怨自己資質欠缺，無法做神呼召他去做的事情。摩西試了幾個藉口：我微不足道，他們不會相信我，我拙口笨舌⋯⋯每次神都回應他，使他不能再有任何藉口。其中摩西問的一個問題是，以色列人問起神的名字時，他該如何回答。神的回答極具自我啟示性，神對摩西說：「我是自有永有的。」又說：「你要對以色列人這樣說：『那自有的打發我到你們這裏來。』」（出3:14）這樣，神啟示自己為超然的、不受約束的宇宙之神，萬有的本源，眾生的創作者，宇宙的創造主和統治者，昔在、今在、以後永在的至高者，「自有永有者」。

就是這句話讓彼得有了信心。耶穌用神的名字表明自己，並且是在海面上行走時表明的。海是創造物中最有力量、最使人懼怕的勢力，是古代混亂與邪惡的象徵，是與神敵對的神明居住之處，但是耶穌制服、勝過和掌管了大海，把海置於祂的腳下。《詩篇》93章4節說：「耶和華在高處大有能力，

勝過諸水的響聲，洋海的大浪。」

　　門徒們稱耶穌為「神的兒子」，他們是在宣告耶穌遠不只是君王。他們是在說耶穌是神、是創造主、是至高的「自有永有者」。

這人宣稱自己是神

　　有時人們會說，「耶穌是神」這一想法只是門徒的憑空臆想，耶穌從未這樣自稱過。他們說耶穌死後，門徒們編造了這個說法，或者頂多是門徒們誤解了記憶中發生的事情。但實際上你不用仔細讀聖經就能看到，耶穌確實多次宣告祂是神，而且有的時候是毫不含糊地宣告。

　　比如有一次耶穌說：「我與神原為一。」還有一次，腓力有點不耐煩而且完全不明白地對耶穌說：「求主將父顯給我們看」，耶穌回覆說：「腓力，我與你們同在這樣長久，你還不認識我嗎？人看見了我，就是看見了父，你怎麼說『將父顯給我們看』呢？」還有在對耶穌公審的末了，耶穌回應猶太領袖說：「後來你們要看見人子坐在那權能者的右邊，駕著天上的雲降臨。」大祭司馬上就明白了耶穌的宣稱，所以他撕裂衣服，指控耶穌犯了僭妄的罪，因為這人宣稱自己是神。（約10:30，14:8-9；太26:64）

　　還有一次，耶穌的宣告如此顛覆，以致於統治者們真的拿

起石頭來要打死祂。聖經說當時的情形很危險，耶穌不得不躲起來逃脫。最開始是法利賽人來羞辱耶穌，他們說：「我們說你是撒馬利亞人，並且是鬼附著的，這話豈不正對嗎？」這是種卑劣的侮辱，就像指控某人不僅被鬼附了，而且還來自名聲差的地方。耶穌回答：「我不是鬼附著的，我尊敬我的父，你們倒輕慢我……我實實在在地告訴你們：人若遵守我的道，就永遠不見死。」統治者們這下被激怒了，指控耶穌有極其大的傲慢：「現在我們知道你是鬼附著的。亞伯拉罕死了，眾先知也死了，你還說『人若遵守我的道，就永遠不嘗死味』。難道你比我們的祖宗亞伯拉罕還大嗎？他死了，眾先知也死了，你將自己當作什麼人呢？」（約8:48-53）

耶穌回應說：「你們的祖宗亞伯拉罕歡歡喜喜地仰望我的日子，既看見了，就快樂。」意思是說，亞伯拉罕知道神應許要差遣一位救主，而他歡歡喜喜地期盼那位救主。這次統治者們既惱怒又困惑不解，耶穌說亞伯拉罕知道祂，甚至說自己瞭解亞伯拉罕的情感，這對他們來說難以接受：「你還沒有五十歲，豈見過亞伯拉罕呢？」

然後耶穌的回答讓他們目瞪口呆：「我實實在在地告訴你們：沒有亞伯拉罕之先，我永在。」（約8:56-58，第二句為呂振中譯本，義同「自有永有」。）

耶穌又用了這個名字，並且這次是有意的、故意用的。如果不是這個用意，那祂說的話就有語病。如果耶穌只想說祂是先於亞伯拉罕而存在的，祂可以說：「有亞伯拉罕之前，那時

就有了我。」但是祂用了表達永遠存在的説法:「我永在」,顯然耶穌又一次用神獨特又專享的名字來稱呼自己。如果祂真的不是神,那祂就是犯了最重的褻瀆罪。事實上他們也不認為祂是神,所以拿起石頭要打死祂。

面對三一神

這當然不是褻瀆,這是真的,耶穌也再三證明了祂的神性。一旦明白了這點,你就更能理解「耶穌是神的兒子」的含義。這個稱呼不僅是個王室頭銜,也是宣告耶穌在地位、屬性和榮耀上與神同等。約翰解釋説:「所以猶太人越發想要殺他,因他……並且稱神為他的父,將自己和神當作平等。」(約5:18)

這句話還有更多的含義,耶穌不僅是接受了一個王室頭銜,不只是説祂與神平等,還描述了祂與父神之間獨特並唯一的關係。耶穌曾説:「除了父,沒有人知道子;除了子和子所願意指示的,沒有人知道父。」(太11:27)還有一次耶穌解釋説:

> 父所作的事,子也照樣作。父愛子,將自己所作的一切事指給他看……父怎樣叫死人起來,使他們活著,子也照樣隨自己的意思使人活著。父不審

判什麼人，乃將審判的事全交與子，叫人都尊敬子
如同尊敬父一樣。不尊敬子的，就是不尊敬差子來
的父。（約5:19-23）

明白嗎？神子耶穌宣告自己是神，與父神有著獨特、唯一
並完全合一的關係。

這怎麼可能？

耶穌怎麼可能既是神，又同時與父神相交呢？在此我們要
面對基督教「三位一體」的教義。「三位一體」不過是「三者
合一」一詞在語言上的揉合。或許你聽說過「三位一體」這個
詞，聽基督徒談論過聖父、聖子、聖靈三者各自的不同。三個
不同的位格，卻是同一位神。不是三個神，聖經從第一頁就清
楚表明，只有一位神，這一位神有三種不同的位格。

我希望你明白，基督徒不是憑空捏造了「三位一體」
這個概念。基督徒在聖經中看到了這個概念，他們定義、描
述、教導和捍衛這個概念。他們在耶穌對自己、對祂與父的
關係和對聖靈的談論中看到了「三位一體」。他們在耶穌的
教導中知道：

1. 耶穌明確表明，只有一位神。（例如，可12:29）

2. 耶穌說自己是神，祂的父是神，並且之後說聖靈也是
神。（例如，約5:18，8:58；路12:10）

3. 最後耶穌明確表明，祂、父以及聖靈不是同一位，而
是彼此不同，又有著獨特、唯一的相交關係。（例如，注意約

14:16-17所顯明的關係）

看了這三句聲明，你可能會說：「我不明白，這三者怎麼會同時且同樣都是真的。」坦率地說，我也不明白，沒有哪個基督徒明白。明不明白不是重點，作為基督徒我相信耶穌，耶穌教導了這三件事情，所以我相信這三點，全相信，哪怕我無法完全理解這三點。

底線是這三個陳述沒有邏輯矛盾。另外，我很清楚我的頭腦是有限的，世界上有很多東西是我無法完全明白的，所以對我來說，我知道很多我不明白的事情在神那裏是合理的。我確定地知道，耶穌教導說只有一位神，祂與祂的父和聖靈都是神，祂與父和聖靈是不同的位格，卻又彼此相交。我和歷代的基督徒把這個費解的事實稱為「三位一體」。

唯一的方法

關鍵在於，一旦你開始明白耶穌就是神，明白祂與父神獨特且唯一的關係，那你就開始明白：想認識創造你的這位神，你需要認識耶穌。除此之外，沒有別的方法。

這是多麼好的消息。耶穌不僅是至高的「自有永有者」，也完全、永遠是我們當中的一員。

第五章

我們當中的一員

　　基督教早期歷史上，有一群人否認耶穌是真實的人。他們說，耶穌的神性太強烈、太突出，祂不可能同時又是人。可能耶穌只是有人的外在樣式，或者是介於人和神之間的存在，但祂不可能是我們當中的一員。這些否認耶穌人性的人被稱為「幻影派」。這一稱號來源於希臘詞語 "doke"，意思是「看起來」。這個詞準確地表達了他們的立場：耶穌不是個真正的人，祂只是看起來像個人。

　　其他基督徒馬上聲明幻影派是錯誤的。通過讀聖經，他們知道耶穌不只是看起來像人，就像一個幻影或者鬼魂，好像神只是取了人的樣貌，沒取人的本質。不是的。如果聖經是可信的，那麼耶穌就是一個徹徹底底的人。這些基督徒不可能否認耶穌的神性，他們相信耶穌是神的兒子、是世界的創造主、是至高的「自有永有者」，他們也相信這位至高的「自有永有者」成了我們當中的一員。

不只是訪客

耶穌的生平充足地表明了祂是人，和我們一樣。聖經告訴我們，耶穌會餓、會渴、會累，祂甚至也會愛睏。還記得祂在船上睡著了嗎？祂不是希臘人和羅馬人知道的「神」，不是某個奧林匹斯山的神，有時變成人形，但從未真正成為人，也沒有人所面臨的挑戰和軟弱。不是的。耶穌是真正的人，祂和你、我一樣要面對所有這些挑戰和軟弱。

當耶穌沒有吃飽時，祂會餓；當祂沒有睡足時，祂會累；當士兵把荊棘扎入祂的頭皮、把釘子釘進祂的手腕時，祂會疼；當祂的朋友死時，祂哀悼哭泣，哪怕祂打算幾分鐘後就讓這朋友復活。耶穌甚至會軟弱，聖經說，羅馬人鞭打耶穌之後，他們不得不抓一個觀看的人替耶穌把十字架背到行刑的地方。接著是最有力的證據：耶穌死了。祂不是好像死了、半死半活、可能死了，也不是某種意義上的死了。雖然故事不是以耶穌的死亡為結尾，但是故事有個繞不過去的事實：祂死了。

（太4:2，8:24，27:50；約19:2，11:35，19:33）

明白「耶穌真的是人」的事實很關鍵，這意味著祂不只是來造訪我們這個世界。至高者來造訪，這本身就是一件好事，但事實並非如此，事實更讓人驚愕不已。創造的主宰，至高的那一位，偉大的「自有永有者」成為了人。

基督徒稱這個事實為「道成肉身」。這是一個拉丁詞語「賦予血肉」，意思是在耶穌裏，神取了人的肉身。不過我

們需要謹慎，因為這個詞可能會誤導人。如果理解錯誤，會讓人以為耶穌的人性只是人的樣子，以為神穿上人的皮囊，就像你、我穿上衣服，以為耶穌的神性不過如此，但這會把我們帶到幻影派的錯謬裏，以為耶穌只是看上去是人。無論你怎麼想，我們肯定認同人的本質不是皮囊，本質比皮囊更深刻。聖經說耶穌是徹徹底底的人，從各方面來看都是人，所以歷世歷代的基督徒稱耶穌為「完全的神和完全的人」。耶穌不是半神半人，不是神人混合體，更不是介乎神與人之間的存在。

袖是神。

袖也是人。

重要的是，這不只是個暫時的事實。耶穌現在是人，將來也永遠是人。幾年前我和一個朋友共進早餐，熱烈地聊起了外星球生命體，耶穌永遠是人的想法猛然進入我心。我和朋友辯論宇宙中是否存在其他的智慧生命？聖經有沒有談及這點？若是存在，那意味著什麼？討論中冒出了這個問題：如果有外星人，如果他們和我們一樣是罪人，那神會拯救他們嗎？如何拯救呢？

我立馬回答說：「神當然會拯救。耶穌同樣可以成為一個火星人，為他們的罪受死。這是肯定的，然後袖會處理克林貢人（克林貢人是影片《星際旅行》中虛構宇宙裏的一個好戰的外星種族）。」這個回答乍聽之下說得通，但你看出為什麼

51

錯了嗎？我的朋友搖頭説：「不，紀格睿。耶穌是人，一直都是，永遠都是。除了人，祂不會成為別的。」我從來沒有這麼想過。

總之，祂愛人

和朋友的這次對話有點天方夜譚，但在中間的發現對我來說很寶貴：耶穌是人，祂永遠都是。現在祂坐在寶座上，是真實的人；當祂審判全地時，祂也是人；在永恒中，神是人，永遠都是人。祂不是像穿衣服一樣披上人的外形，回到天家時把這皮囊脫掉。祂成了人，在心靈上、靈魂上、思想和力量上都是人。

思想一下，神的兒子多麼愛人類，所以祂決定要永遠成為人。祂在永恒中早已經存在，是三一神的第二位格，與父神和聖靈享有完美、合一和美好的關係，然而祂決定成為人，並且祂知道一旦成為人，將永遠不能不再是人。只有一件事情會讓神的兒子這麼做：祂深愛我們。祂生命中的每個細節都在述説祂對我們的愛。

聖經作者們多次告訴我們，耶穌對身邊的人動了憐憫之心。馬太告訴我們，耶穌停留許久醫治病人，是因為祂憐憫他們。馬可説，耶穌教導人，因為祂憐憫他們。耶穌看到那四千多人已經幾天沒吃頓好飯時，祂告訴門徒：「我憐憫這眾

人，因為他們同我在這裏已經三天，也沒有吃的了。我不願意叫他們餓著回去，恐怕在路上困乏。」耶穌一上岸，就有一群人迎接祂，渴慕聽祂的教導，「（他）就憐憫他們，因為他們如同羊沒有牧人一般，於是開口教訓他們許多道理。」（太15:32；可6:34；參見太6:34，14:1）

耶穌曾遇到剛剛去世的年輕人，是一個寡婦唯一的兒子，而她現在失去了生活上的依靠。「主看見那寡婦，就憐憫她，對她說：『不要哭！』於是進前按著槓，抬的人就站住了。耶穌說：『少年人，我吩咐你起來！』那死人就坐起，並且說話。耶穌便把他交給他母親。」（路7:13-15）

拉撒路去世後，耶穌看到拉撒路的姐姐哭泣，「就心裏悲歎，又甚憂愁」。耶穌問道：「你們把他安放在哪裏？」他們把耶穌帶到墳墓那裏。聖經說在祂朋友的墓前，「耶穌哭了。」所有人都知道這是出於悲痛和愛，在場的猶太人搖著頭說：「看他愛這人是何等懇切！」（約11:33-36）

你明白耶穌是什麼樣的人了嗎？祂不是那種冷酷無情、老是宣稱自己是君王、是神的人。不是的，耶穌是一個對身邊的人充滿了愛的人。祂願意與遭遺棄的人待在一起，與他們同吃，甚至參加他們的聚會，因為祂說：「無病的人用不著醫生，有病的人才用得著。我來本不是召義人悔改，乃是召罪人悔改。」（路5:31-32）祂把小孩子摟進懷裏，擁抱他們，為他們祝福。門徒因為耶穌太忙，想趕走小孩子時，耶穌甚至責備他們。祂擁抱自己的門徒，與人談笑，溫柔地提說人們的

名字。祂鼓勵人、赦免人、給人力量、賜人信心、使人重新得力。總之，祂愛人。即使祂行神蹟、做那些只有神才能做的事情，祂也是以深深的溫柔、憐憫與慈愛來做的。祂不僅是人，祂也一直向我們展示人該有的樣子。

為何神子變成人？因為我們需要祂成為人

但重要的是，我們要知道耶穌來不只是向我們展示真正合神旨意的人的樣式。不是的，耶穌成為人是因為我們需要祂成為人。我們需要一個人在神面前代表我們、代替我們。這是耶穌到來的根本原因，成為一個慈愛、英勇的君王，來拯救祂所愛的人們。

所以耶穌成為人後，祂所做的一部分是與我們認同、與我們成為一體，好能代表我們。這就是為什麼耶穌在公開傳道的第一天，堅持讓施洗約翰給祂施洗。一開始約翰拒絕了，因為他知道自己的洗禮是悔改的洗，是為那些知道自己是罪人、並選擇離棄罪的人施洗。約翰也知道，作為無罪的神子，耶穌不需要這樣的洗禮。耶穌沒有指責約翰的拒絕，祂也知道自己不需要為任何事悔改。但這不是祂想要受洗的原因，祂對約翰說：「你暫且許我，因為我們理當這樣盡諸般的義。」（太3:15）換言之，耶穌是說：「約翰，你說得對，我不需要悔改的洗禮，但是我另有一個受洗的目的。現

在你要為我施洗，這也是好的。」你瞧，耶穌受洗不是因為祂需要為罪悔改，而是為了表明祂完全地與罪人認同。祂俯就我們，設身處地為我們著想，住在我們當中，與有罪的、破碎的人類攜手，禍福與共。

我們之前說過，接下來發生了什麼？有來自天上的聲音，認耶穌是神永恒的兒子，膏立祂為尊榮的神子、以色列的君王。這來自天上的聲音還有更深遠的意義，但這幾句話已足以表明耶穌應當與一群罪人一同受洗：祂正在接受重要的職分，做罪人的代贖者、君王和得勝者。

爭戰打響

馬可寫到：「聖靈就把耶穌催到曠野裏去。他在曠野四十天受撒但的試探。」（可1:12-13）這是接下來的一幕。接受了君王身分，又決不反悔地與罪人認同，君王耶穌接替了罪人，繼續那自古以來的戰鬥，在罪人的失敗中為他們贏得戰鬥。因而耶穌到曠野去，面對祂子民不共戴天的敵人。大控告者撒但和至高的君王耶穌之間的爭戰開始了，並在接下來的歷史中激烈交鋒。

故事中看上去無關痛癢的細節，也在引導我們知道君王耶穌是在祂的子民、以色列民族曾經失敗的戰場上為他們爭戰。想想，對耶穌的試探發生在曠野中，以色列整整一代人在曠野飄流，一敗塗地。四十天的禁食正如以色列人在曠野飄流四十

年，因此耶穌象徵性地經歷同樣的時間，一天代表一年。正在發生的事情確鑿無疑，戴上王冠後，耶穌正式代表自己的子民與魔鬼爭戰。

關於撒但對耶穌的試探，馬太比別人告訴了我們更多，這是耶穌生平中最戲劇性的時刻。撒但給耶穌的三個試探，程度依次不斷攀升。這些試探發生的地方也說明了這一點：第一個試探是在曠野中，第二個是在聖殿頂上，最後一個是在一座高山的山頂。似乎隨著衝突愈加激烈，海拔高度也在上升。

撒但的第一個試探看起來不像試探，撒但說：「你若是神的兒子，可以吩咐這些石頭變成食物。」要記得耶穌已經禁食一個多月了，可能只是補充了得以存活的東西，所以祂肯定非常饑餓。而且，耶穌接下來行的許多神蹟比石頭變食物奇妙得多，所以這件事對祂來說易如反掌。既然這樣，那耶穌為什麼不該把石頭變為食物呢？答案在耶穌對撒但的回答中：「經上記著說：『人活著，不是單靠食物，乃是靠神口裏所出的一切話。』」問題不在於耶穌是否會做撒但提議的任何事情，而在於耶穌是會像之前的以色列人一樣，立即想要自己的舒服和解脫，還是會順服父神放在祂面前的謙卑和受苦之路。人類因為要得到立刻的滿足而一次次地犯罪，但是君王耶穌信靠神的供應和看顧。

耶穌勝過第一個試探後，撒但把耶穌帶到耶路撒冷，把祂放在聖殿的最高處。這高度可能會讓人頭暈目眩，撒但說：「你若是神的兒子，可以跳下去，因為經上記著說：

『主要為你吩咐他的使者用手托著你,免得你的腳碰在石頭上。』」撒但的話仍然非常有道理,這次它甚至引用了聖經,但是和上次一樣是試探耶穌,讓祂用自己的方式,而不是神的方式。以色列以前就常常這樣做,要求神以特別的方式證明祂的看顧。明白嗎?撒但在試探耶穌,讓耶穌催促父神採取行動以此高舉自己超過父神,而不是相信父神所說的話。耶穌拒絕這麼做,並回覆撒但:「經上又記著說:『不可試探主你的神。』」換句話說,你不應該要求神證明祂對你的看顧,這是對神的懷疑。要信靠神,相信神的話,神就會以祂的方式、按照祂的時間來看顧你。

第三個試探是最厚顏無恥的。撒但把耶穌帶到一座高山的山頂,指給祂看世上的萬國和萬國的榮華,然後提議說:「你若俯伏拜我,我就把這一切都賜給你。」好一個放肆又陰險詭詐的提議。被造物居然要求自己的創造主俯伏拜它,還說要賜給耶穌父神已經應許給耶穌的一切,讓耶穌遠離父為祂準備的受苦之路。以色列曾經多次面對這樣的試驗,與強大的鄰國結盟,自己謀劃又悖逆,想通過他人的幫助而不是神的幫助,獲取自身的安全和榮耀。以色列一次次地在這個試探上失敗,而君王耶穌沒有失敗。耶穌結束了這場爭戰,告訴試探者:「撒但退去吧!因為經上記著說:『當拜主你的神,單要侍奉他。』」(太4:3-10)

耶穌在曠野抵擋撒但,你明白祂在做什麼嗎?祂是在為公義和順服而戰。祂的子民以色列人在很久之前完全失敗了,

祂現在重回戰場。撒但拋給祂三個試探,不信靠神、迫使神行動、不再敬拜神。這些是以色列民出了名的失敗,撒但之前贏了這三個試探,現在又把它們扔給了以色列的君王。但是這一次撒但失敗了,君王耶穌一步步地和撒但較量。以色列的得勝者為祂的子民重新開戰,並且得勝了!

　　路加記載道:「魔鬼用完了各樣的試探,就暫時離開耶穌。」(路4:13)戰爭還沒有結束,但是歷世歷代為拯救人類靈魂的戰爭現在真正開打了。

第六章

末後亞當的勝利

衝突通常有很深的歷史根源。哪天讀到關於戰爭、衝突的新聞，你會發現這些事件從來不是空穴來風。有些衝突可以回溯到幾個世紀以前，甚至更久。

耶穌與撒但之間就是如此。耶穌在曠野遇到並打敗這個大控告者時，那是一場千年之爭的巔峰對決，一場關乎全人類的衝突。實際上，這個衝突的結束是另一個衝突的開始，幾個世紀以來，撒但一直對抗神和祂在世上的計劃，但現在牠要面對必將打敗牠的那一位。撒但不是不知道耶穌是誰，有兩個試探特別針對耶穌作為神兒子的身分。但即便是知道，撒但仍然相信牠可以使耶穌犯罪。為什麼不可能呢？歷史上其他人都陷入了牠的試探。為何這個人不能呢？可能神道成肉身就是個錯誤，錯誤地取了人的身體、人的軟弱和人的有限。或許神終於——可以被打敗了。

但是在第一次與耶穌交手後，撒但肯定認識到戰勝耶穌是個空想了。看到自己最精明的手段失敗了，撒但是否知道牠的結局很快就要來了？是否記起幾千年前神關於牠的應

許：「我又要叫你和女人彼此為仇；你的後裔和女人的後裔也彼此為仇。女人的後裔要傷你的頭，你要傷他的腳跟。」（參見創3:15）

這肯定使撒但渴望那好像能勝過神的日子。

撒但想要廢黜神

聖經沒有花太多筆墨談論撒但。聖經的焦點是神、神與人的關係、人背叛並得罪神，以及神拯救和赦免人的計劃。但是撒但仍然在場，它是試探人和控告人的那一位，是神及其計劃最大的敵人。聖經沒有告訴我們太多撒但的起源，但在幾處講到了牠是怎麼來的。首先撒但絕不是與神匹敵的存在，不是與神「有同等的權力、相悖的屬性」。聖經從沒有說撒但與神是陰陽兩極的關係。

實際上舊約中的先知說，撒但原本是神所造的天使，和其他天使一樣侍奉神。以西結這樣描述撒但：

> 你無所不備，
> 智慧充足，全然美麗。
> 你曾在伊甸神的園中，
> 佩戴各樣寶石，
> 就是紅寶石、紅璧璽、金鋼石、

水蒼玉、紅瑪瑙、碧玉、

藍寶石、綠寶石、紅玉和黃金，

又有精美的鼓笛在你那裏，

都是在你受造之日預備齊全的。

你是那受膏遮掩約櫃的基路伯，

我將你安置在神的聖山上，

你在發光如火的寶石中間往來。

你從受造之日所行的都完全，

後來在你中間又察出不義。（結28:12-15）

《以西結書》中的這段話很明顯是在談論推羅王。神告訴以西結「你為推羅王作起哀歌」（結28:12），然後引出上面的內容。但同時，舊約的預言是奇妙神秘的信息，有時信息所啟示的內容遠超過表面的含義，此處就是這種情況。很明顯從這段信息一開始，以西結談論的就不僅僅是推羅王。說這個沿海城市的富有統治者曾經在伊甸園中，曾是受膏、遮掩約櫃的基路伯，還曾在神的聖山上，這是什麼意思呢？這些都無法理解，即使作為詩歌，也破壞了詩歌的隱喻和詩性。

顯然此處另有所指，並且有電影一般的呈現。邪惡的推羅王身後閃現的是另一張面孔，在推羅王的背後驅使他、鼓動他，牠的邪惡本性映照在推羅王的身上。明白以西結在此處做什麼嗎？為了加強對推羅王的預言，以西結讓我們看見那位背叛者——撒但。然後以西結繼續描述撒但從自己的高位上

跌落：「你因美麗心中高傲，又因榮光敗壞智慧，我已將你
摔倒在地，使你倒在君王面前，好叫他們目睹眼見。」（結
28:17）另一位先知以賽亞如此描述撒但的罪：「明亮之星，
早晨之子啊！你何竟從天墜落？你這攻敗列國的，何竟被砍倒
在地上？你心裏曾説：『我要升到天上，我要高舉我的寶座在
神眾星以上……我要升到高雲之上，我要與至上者同等。』」
（賽14:12-14）

撒但最大的罪是驕傲。儘管有著超凡的榮光和美麗，但撒
但不滿足於神對牠的創造，牠欲壑難平。以賽亞説，撒但想要
「與至上者同等」，想要廢黜神。

也難怪，當撒但攻擊人類、引誘他們背叛神偏行己路
時，撒但的方式就是應許人類，如果他們悖逆神，他們也可以
像神一樣。

「神是王」的鮮活提醒

故事發生在聖經最開始的《創世記》裏，很快講明了人類
為何需要耶穌。在成功地引誘人類先祖犯罪後，撒但以為牠把
人類徹底地摧毀了，以為牠不僅擊打了神的內心，也撼動了神
寶座的根基。

「創世」一詞意為「起源」，這正是《創世記》這卷書的
內容。開始的幾章內容講述了神如何創造了整個世界，陸地海

洋、鳥獸蟲魚。神說有就有，而且聖經說，當神完成創造時，神的創造是好的。神創造人類是其創造的頂峰。第一個人不是神創造的另一隻動物，聖經說，他是特別的，是神按「照他（神）的形像」創造的，也被置於其他受造物之上。神對人類有特別的心意和計劃，《創世記》這樣描述神創造第一個人：「耶和華神用地上的塵土造人，將生氣吹在他鼻孔裏，他就成了有靈的活人。」（創1:27，2:7）「那人」一詞的希伯來語是「亞當」，「亞當」就成了這個人的名字。

　　神從起初就向亞當顯出慈愛，祂將亞當安置在一個特別的地方，名為伊甸，並在那裏立了一個園子。這是一個美麗的地方，園中有流淌的河，長滿了「各樣的樹，可以悅人的眼目，其上的果子好作食物。」而且在園子當中有兩棵特別的樹：生命樹和分別善惡樹。亞當在園中的生活不錯，但是不完全，他需要一個同伴，神知道這點：「耶和華神說：『那人獨居不好，我要為他造一個配偶幫助他。』」所以神做了一件事：神讓亞當給所有的動物起名字。（創2:8-10、18）

　　可能很多人好奇這是什麼意思，對這個情節摸不著頭腦。大部分人，甚至是信主很久的基督徒也把這段當成插入的兒童故事，當成講述創造夏娃之前的廣告間歇。但是如果你想明白聖經，你要記住一個重要原則：聖經從來不是隨機而寫的。亞當給動物命名包含幾件重要的事情。第一，神給亞當上了一堂重要的實物課。當所有的鳥獸蟲魚經過亞當的面前，亞

當叫出「老虎」「犀牛」「蚊子」等名字。他意識到，這些被造物中沒有一個會成為他的同伴，沒有一個像他一樣。

神讓亞當明白這點後，便使亞當沉睡了。神取下亞當的一根肋骨，造了第一個女人，成為亞當的同伴。想像一下，當亞當醒來看見眼前的女人，他是多麼的興奮啊。她是完美的！特別是看到藍鯨、長頸鹿和甲殼蟲不適合作他的伴侶之後，亞當讚歎道：「這是我骨中的骨，肉中的肉；可以稱她為女人，因為她是從男人身上取出來的。」（創2:23）這是神讓亞當給所有動物命名的原因之一。神想讓亞當明確地知道，站在他面前的這個女人是神特別為他而造的，甚至是以「從他而出」這最親密的方式為他而造的。

給動物命名還另有含義。神肯定很喜歡看到亞當做自己的工作，但這工作並不都是娛樂和遊戲。神以此告訴亞當，亞當在世界上有要做的工作。作為神創造的頂峰、唯一有著神形像的受造物，亞當要在世上管理神的世界。給事物命名是行使權柄的方式，如同父母有權給自己的兒女起名字。所以通過給動物取名，亞當向它們實際行使了權柄。在神之下，亞當擔當起了神在創造界的代理。

亞當一看到那個女人，就給她取名：「可以稱她為女人」。聖經之後說，亞當再次給女人命名：「亞當給他妻子起名叫夏娃」。這個事情很重要，你能看出神在這兒做什麼嗎？神設立了一整套權柄系統，亞當被賦予了對夏娃的權柄，他們作為夫妻一同被賦予了對受造物的權柄，這一切都彰顯了神在

萬有之上的權柄。神說要「照他的形像」造男造女，有一部分就是這個意思。獲勝的君王通常用頭像或雕塑來提醒被征服的人，現在誰是他們的統治者。人們在四面八方都可以看到高處的雕像在向他們說：「這是你的君王。」在神的創造中，亞當和夏娃也是如此。無論「按照神的形像被造」這個概念還包含什麼意思，它的基本意思是，人類在世界上提醒整個宇宙：神是大君王。即使人要對被造物行使權柄，他們也是作為至高的君王、神的代表行使權柄。

這肯定使撒但極為惱火。

破壞殆盡

撒但攻擊人類是要摧毀神在伊甸園裏一切的設立。你看，撒但不只是想讓一個小小的人類稍微得罪一下神，牠想顛覆神設立的每一個權柄架構，顛覆神設置的每一個王權象徵和治理。撒但想要顛覆整個被造架構，牠想要羞辱神。

聖經說，神已經告訴亞當和夏娃，伊甸園中各樣樹上的果子，他們可以隨意吃，只是分別善惡樹的果子不可吃。這棵樹有幾個重要的意義。第一，這棵樹提醒人，他們對受造物的權柄來自於神，也是有限的，人不是統治者。神不是任意而為，告訴他們不可以吃分別善惡樹的果子，神是恰當地提醒亞當和夏娃，祂是他們的君王。雖然他們有幸成為被造物的代理，但

神是創造者、是主，所以神對悖逆者的懲罰如此嚴重：「你吃的日子必定死。」（創2:17）亞當和夏娃違背這個命令，就是試圖脫離神的權柄，本質上說是向他們的君王宣戰。

這棵樹還有一個重要意義。《創世記》最初的讀者會馬上意識到，「分別善惡」是以色列審判官的工作。這意味著，審判官要辨別善惡，並根據事實做判決，因此分別善惡樹是進行審判的地方。作為神園子的保護者，亞當應該在這裏行使自己的權柄，確保沒有邪惡的東西進入園子。若是進來了，他應當審判邪惡，並將其趕出去。

在審判樹下，在神對亞當的提醒面前，撒但發起了攻擊。撒但變成蛇的樣子，慫恿夏娃違背神的命令，去吃分別善惡樹的果子。《創世記》是這樣描述這一交鋒的：

> 耶和華神所造的，惟有蛇比田野一切的活物更狡猾。蛇對女人說：「神豈是真說不許你們吃園中所有樹上的果子嗎？」女人對蛇說：「園中樹上的果子，我們可以吃；惟有園當中那棵樹上的果子，神曾說：『你們不可吃，也不可摸，免得你們死。』」蛇對女人說：「你們不一定死，因為神知道，你們吃的日子眼睛就明亮了，你們便如神能知道善惡。」於是，女人見那棵樹的果子好作食物，也悅人的眼目，且是可喜愛的，能使人有智慧，就摘下果子來吃了；又給她丈夫，她丈夫也吃了。

（創 3:1-6）

　　結局是悲慘的，而且那時撒但幾乎完全勝利了。撒但不僅用牠自己一直覬覦的東西說服神所愛的人違背神，讓人以為他們能「像神一樣」，撒但還做成了牠一開始就要做的事：顛倒整個被造界的權柄架構。

　　你有沒有想過為什麼撒但試探夏娃，而不試探亞當？儘管亞當是被賦予權柄的那一位，儘管聖經接下來一直指責亞當犯罪，但撒但實際上先找的是夏娃。為什麼？不是因為撒但認為夏娃更好對付，而是因為撒但要竭盡全力地羞辱神、推翻神的權柄，而且想要徹底地羞辱和推翻。所以牠不僅想讓亞當得罪神，牠還想用讓夏娃引誘亞當反叛的方法來背叛神。更進一步：你有沒有想過為什麼撒但以蛇的樣子靠近人？為何不以另一個人的形像靠近？如果一定是動物，為什麼不是長頸鹿或土撥鼠？同樣的原因，因為撒但想要完全、徹底地推翻神的權柄，所以撒但變成了動物，動物原本在亞當和夏娃的權柄之下；撒但更是變成了最低微的動物——蛇。明白嗎？權柄的架構就像多米諾骨牌一樣倒塌了：一個低等的動物成功試探了女人，女人引誘了男人，男人向神宣戰。

　　這一破壞是毀滅性的，亞當在他所有的職分上都失敗了。他應該在分別善惡樹那裏審判邪惡的蛇，但他加入了撒但對神的背叛；他應該保護伊甸園，將蛇驅逐出去，但他將園子交給了蛇；他應該相信神的話，以信心行動，但他懷疑神的

話，轉而相信撒但；他應該順服神、忠心履行作為管家的職責，但他定意想要自己戴上至高的王冠。就像從前的撒但，亞當也要「和神一樣」。

夢魘般的世界

亞當犯罪帶來了災難性的後果，如今世界處在對創造主的背叛中，神施行公義，並咒詛了男人和他的妻子，以及試探他們的那一個。神對男人和女人進行了宣判，生活對他們來說不再猶如樂園，而是會充滿艱辛和痛苦。女人生產要遭受苦楚，人要承受作工的勞苦，土地也不再盛產水果菜蔬。最為嚴重的是，亞當和夏娃與神的親密關係斷裂了，他們被永遠地逐出了伊甸園，回去的路由配有火焰劍的天使把守著。這是因為悖逆神而承受的最重的死亡。亞當和夏娃的身體最終會死去，但更重大的死亡是靈性的死亡，他們與神、生命的源頭隔絕了，因悖逆而在靈裏死亡了。

要知道亞當和夏娃的罪不僅影響了他們自己，也影響了他們所有的後代。聖經接下來的幾章講述了罪如何在人類中間一代一代地加劇。亞當和夏娃的兒子該隱出於驕傲和嫉妒殺害了他的兄弟亞伯，人類的心越來越充滿了罪惡。該隱的後代確實在文化上有了一些進步，建了一座城，也在技術和藝術上取得了進步，但聖經很清楚地說，人類在罪中越來越剛硬，越來

越悖逆神，越來越充滿了墮落和暴行。該隱的一個後代甚至因自己殺了一個人而自誇，而這人只是傷了他；他還揚言誰敢害他，他就要報復那人七十七倍。罪使世界變成了一個噩夢。（創4:17-24）

同時，神對亞當和夏娃宣判的死亡也體現在身體上，即他們的肉體要歸於塵土。這一宣判執行在他們身上，也執行在全人類的身上。《創世記》中有一章很特別，記載了亞當後代的人名，以及他們每個人活了多久。特別之處不是那時的人活得多長，而是每個人生命的記錄都以「就死了」為結束。亞當活了九百三十歲，就死了；塞特活了九百一十二歲，就死了；以挪士……就死了；該南……就死了；瑪勒列、雅列、瑪土撒拉……都死了。正如神說過的，死亡統治了人類（參見創5章）。

明白這個意義嗎？亞當犯罪，不只是個人的犯罪，不只是個人承受犯罪的後果。亞當犯罪就代表他所有的後裔犯罪，所以保羅在新約裏說：「因一次的過犯，眾人都被定罪」，「因一人的悖逆，眾人成為罪人」。（羅5:18-19）亞當在神面前代表了我們所有人，代表我們的行動、代表我們悖逆神。

這個事實常常讓人覺得不公平，人們會說：「我自己代表自己，不用別人代表我。」但是亞當的後代們不這麼認為，很可能一個原因是他們知道，如果神讓他們每一個人代表自己，他們不會比亞當好多少。還有一個原因是他們知道，他們自己得救的唯一盼望是神差遣另一個人、另一個代表、另一個亞當

來再次代表他們，而這一次是來拯救他們。亞當曾經代表人類屈服於撒但、背叛了神，現在人們需要另一位來代表人類順服神、戰勝撒但。

歸根結底

這正是神應許要做的事情。

亞當和夏娃犯罪後，神立刻應許說，祂會拯救人類，會差遣另一個代表、另一個亞當來代替人類，而這次這個代表要為他們贏得救贖。當時神正在審判引誘亞當和夏娃犯罪的蛇，正是在那個黑暗的時刻，神給了這個應許，就猶如給了美好的盼望。在《創世記》中，神如此說：

> 你既作了這事，就必受咒詛，
> 比一切的牲畜野獸更甚。
> 你必用肚子行走，
> 終身吃土。
> 我又要叫你和女人彼此為仇；
> 你的後裔和女人的後裔也彼此為仇。
> 女人的後裔要傷你的頭，
> 你要傷他的腳跟。　（創3:14-15）

你看到結尾處的應許了嗎？將來有一天，神要差遣一個人一次並永遠地戰勝撒但。這個人要作為人類的代表完成亞當原本應該做的事。人類的罪使人類和全世界陷入災難，而當這個人完成該做的事時，祂會將人類從災難中拯救出來。

從那時開始，另一個代表、另一個亞當的應許成了人類最大的盼望。一代又一代的人盼望著神實現祂的應許，他們甚至有時猜測這個人或那個人是不是應許的救贖主？所以當挪亞出生時，他的父親拉麥發出盼望的歡呼：「這個兒子必為我們的操作和手中的勞苦安慰我們。」（創5:29）當然挪亞不是，他跟亞當一樣成了人類的代表。出了方舟不久，挪亞就顯出自己也是個罪人。這個有瑕疵的第二亞當和第一個亞當一樣失敗了，顯然那偉大的救贖主尚未到來。

歷世歷代在以色列的歷史中，人們把神實現應許的盼望放在了一個又一個的代表身上。摩西、約書亞、大衛、所羅門、眾士師、歷代君王，每代人都期待這個人就是那一位了，但是每次他們的希望都落了空。

但是耶穌來了，祂是末後的亞當，是人類的代表，祂要成就首先的亞當失敗了的事情。這就是為什麼耶穌和撒但在曠野裏的對抗如此重要。耶穌不僅是以色列的得勝者、出自大衛後裔的君王，祂也是人類的得勝者。人類的始祖亞當所失喪的，耶穌要贏回來。

還記得撒但在曠野引誘耶穌的那三個試探嗎？這些的確是以色列很大的失敗，同時也是撒但在伊甸園試探亞當和夏娃的

核心。我們不難聽到回響：

「耶穌，把石頭變成食物。你餓了，現在滿足你自己吧！」

「亞當，看看這果子，很悅人的眼目吧，拿來吃吧！」

「耶穌，神真會信守祂的應許嗎？我說祂不會。你試試看祂會不會？」

「亞當，神豈是真說你們會死嗎？我說你們不會死。我們試試看怎麼樣？」

「耶穌，你來屈身敬拜我，我就把世上的萬國賜給你。」

「亞當，你來聽從我、敬拜我，我會讓你和神一樣。」

那天耶穌和撒但的爭戰不只是個人的爭戰。耶穌經歷試探，是為了體恤祂的子民，也是在做祂的子民永遠無法做到的事情。抵擋試探，使其枯竭，將其打敗。在這個過程中，耶穌代表自己的百姓與他們的仇敵爭戰，耶穌在做的是他們起初就應當做的事。作為其子民的君王、代表以及得勝者，耶穌替他們榮耀神、順服神和敬拜神。

但這還沒有結束，雖然撒但被擊敗了，但「你必定死」的咒詛仍像一把利劍懸在人類的頭上。即使君王耶穌已經戰勝了

撒但、抵擋住了試探，並在神面前活出了完美公義的生命，但
公義仍在喊叫著：百姓的罪不能置若罔聞，視之不管。他們人
人都背叛了神，而公正要求神向他們宣告判決：靈性的死亡、
與神隔絕，甚至神的忿怒，這些都要完全執行。如果沒有完全
地執行，神就是違背了自己的屬性。

　　你看，如果君王耶穌要拯救自己的百姓脫離罪，僅僅打敗
他們的仇敵撒但是不夠的。撒但只是試探他們，是他們自己決
定背叛神。這意味著，他們應該受到死亡的刑罰，而且還未執
行。因此為了拯救自己的子民，耶穌必須終結這個咒詛，祂必
須讓神的判決、神對罪人公義的忿怒降在自己身上，而不是降
在他們身上，祂必須作他們的替代者，為他們活、為他們死。

　　歸根結底：如果祂的百姓要活，這位得勝者就得死。

第七章
神的羔羊，為人捨命

施洗約翰知道耶穌為什麼降世為人，也知道耶穌為了拯救祂的子民必須要做什麼。

看到耶穌要到約旦河受洗，約翰指著耶穌說出的話，讓人群興奮又困惑：「看哪，神的羔羊，除去世人罪孽的。」（約1:29）猶太人很熟悉獻祭，他們將羔羊獻給神，好除去人的罪，但是為什麼約翰稱一個人為「贖罪的羔羊」呢？這很不吉利，因為每個人都知道，一旦羔羊作為贖罪祭被獻給神，羔羊會有什麼結局？

羔羊的頸部會被割開，然後流血而死。

必須得有人死

有時候人們認為，猶太人的獻祭制度是從以色列人逃離埃及為奴之地開始的，但其最深的根源其實可以回溯到伊甸園，回溯到亞當和夏娃背叛神時，神對他們宣判的死刑。想要明白猶太人的獻祭，真正知道耶穌的意義，你就得明白，神說亞當

和夏娃若犯罪就會死，這個決定不是隨意的、武斷的。神不會做出「你吃的那日，你一定會變成蛤蟆」這樣的決定。

神宣布罪的後果是死亡，這是公義和正當的。正如保羅後來在新約裏所說：「罪的工價（即應得的正當報酬）乃是死。」（羅6:23）原因不難明白。首先，亞當和夏娃犯罪時，他們不是觸犯了神設立的某個無關痛癢的規則。我們知道，他們是想要推翻神在他們之上的權柄，本質上他們是在宣告自己獨立於神。問題是，他們宣告要脫離的這位神，是他們生命的源頭和維持者。這位神將生命的氣息吹在他們的肺裏，維持他們在世上的存留，所以當他們與神的關係破裂、與神隔絕時，他們與唯一生命源頭的連接也就斷了。

不僅如此，神也應該對背叛者發怒。聖經告訴我們，神的屬性是全然的良善、公義和公正，所以神應當恨惡罪，因為罪的本質就是邪惡，就是拒絕一切良善、公義和公正。當然神的忿怒不同於我們人的忿怒，神的忿怒不是爆發的、無法控制的。神的忿怒是強烈地與罪對立，並堅決地要消滅罪。所以神告訴亞當和夏娃，他們犯罪的時候就會死；所以現在每個人都活在死亡的審判之下。因著我們的罪，因著我們將神的良善變成了自私的邪惡，我們惹動了神的忿怒，使自己隔絕於一切生命的源頭。

這是以色列獻祭制度最深的根源。神教導祂的子民，因其本質，罪的工價乃是死，而且必須承受死亡。但是通過獻祭，神教導祂的子民另一個原則。這個原則在眼前一片的悲觀絕望

中帶來了希望：死亡的懲罰不需要由犯罪的人來償還。

　　總得有人償還，罪仍然要求執行死亡，於是神出於慈愛和憐憫，允許在罪人的一個替代者身上執行死亡的判決。如果多加思考，你就會發現這個安排多麼美妙地表達了神不變的公義和憐憫。罪帶來的懲罰要得以執行，公義要被滿足，但是罪人不需要受死。

　　可能這個原則最悲傷的例子是逾越節，慶祝神最終拯救其子民脫離埃及為奴之地的日子。逾越節追溯到一個特別的晚上，那晚神在埃及人身上執行了可怕的死亡判決。在那夜之前的幾週裏，神多次警告法老，而法老拒絕讓以色列人離開，於是給自己及其臣民招致死亡。通過九次擊打埃及的災難，神彰顯了祂的大能和主權。通過這些災難，神擊敗了埃及的眾多假神，讓他們屈膝，並向埃及人顯明：唯有耶和華是神。

　　第十個災難的恐怖程度達到了頂級。神告訴摩西祂要對埃及人做什麼：

　　　　耶和華對摩西說：「我再使一樣的災殃臨到法老和埃及，然後他必容你們離開這地。……約到半夜，我必出去巡行埃及遍地，凡在埃及地，從坐寶座的法老，直到磨子後的婢女，所有的長子，以及一切頭生的牲畜，都必死。埃及遍地必有大哀號，從前沒有這樣的，後來也必沒有。至於以色列中，無論是人是牲畜，連狗也不敢向他們搖舌，好叫你

們知道耶和華是將埃及人和以色列人分別出來。」

（出11:1、4-7）

　　神毀滅性的審判就要傾瀉而出，但是神也應許，如果祂的子民遵從祂、按照祂的指示而行，那他們就會得以存留。

　　神讓其子民做的事情使人感到害怕。神告訴他們，在所有長子都要死去的那夜，每個家庭要取一隻羊羔，不能是有缺陷的羊羔，而是要沒有殘疾、沒有瑕疵等等。在黃昏的時候把羊羔宰殺了，然後全家人要吃羊羔的肉。更加重要的是，神說他們必須取些羊羔的血，塗在他們房屋的門框上。這是關鍵，因為神說，當祂巡行埃及擊殺頭生的時候，看到門框上的血，就「越過」這家，這災難就不會臨到他們。如果他們做了這些，宰殺羊羔，整個家庭藏在羊羔的血後面，他們就會蒙拯救。

（出12:1-13）

　　現在停下來想一想：你肯定好奇，當以色列人聽說神也要巡行他們的房屋村莊時，他們是否有些震驚？之前的九個災難神可沒有這樣做，之前的蛙災、虱災、蠅災、蝗災、雹災、黑暗之災、血災和瘡災影響了埃及全地，唯獨以色列人定居的城鎮安然無恙。之前神特別細心地區別了以色列人和埃及人，以色列人不需要做任何事，只是旁觀。但是現在神告訴他們，他也要帶著死亡之災經過他們的房屋，如果他們不相信神、不順從祂，就會像埃及人一樣死去。

　　那夜是令人驚恐的一晚，神巡行埃及的各個城鎮，因人的

罪而擊殺每一個頭生的。埃及人的孩子在夜裏死去時，埃及遍地充滿了他們的哀號。人們會好奇，埃及人的哀號中是否也夾雜了以色列人的哀號和痛悔？就是那些沒有相信神、對神的話嗤之以鼻的以色列人。聖經沒有記錄。

你明白那夜神在教導祂的子民什麼嗎？第一，神強烈地提醒他們自己的罪。該說的說了，該做的做了，神提醒以色列人：他們當得的死亡審判不比埃及人少，他們也是有罪的。

還有另一個教導，替代性獻祭的大能和意義烙印在了他們的頭腦和心裏。宰殺羊羔不是一件簡單的事情，而是充滿了血腥。父親要跪在羊羔旁邊，用刀割開羊羔的頸部。血液會噴湧而出，灑滿遍地，直到羊羔掙扎呻吟著死去。這時，大家的目光都會本能地從死去的羊羔身上轉移到一個小男孩的身上，全家人都會知道：這只羊羔死了，所以小約書亞不會死了。這只羊羔替約書亞死了。

明白嗎？神以刻骨銘心的方式教導其子民：祂不會、也不能無緣無故地將他們的罪一筆勾銷，若不流血，罪就不得赦免。必須得有人死，因為這是罪的刑罰。父親把血塗抹在門框上，將小約書亞摟在懷裏，然後關上門，全家人都體會到：他們是有罪的，是應該死的。神不會因為他們自認的無辜而不殺他們，不會因為他們不像埃及人那麼該死而拯救他們。不是的，神會越過他們，是因為另一位已經替他們死了。當神拿著審判的寶劍越過他們時，他們信靠羊羔的血。

這一次，不只是一隻動物

之後神設立了一套獻祭制度，藉此祂的子民知道，儘管他們的罪真實又邪惡，但可以由一位替代者來承受和償付。神也開始教導他們，不會總是由動物來為他們的罪承受懲罰。

其中最重要的一個例子很容易被忽略，因為這個例子太微妙了，但它是整本舊約中最深刻的要點之一。逃離埃及後，以色列人在曠野飄流了相當長的時間，他們抱怨神沒有供應他們充足的或夠美味的食物和水。神一次次地供應他們，他們一次次抱怨神，向神發牢騷。在《出埃及記》第17章，聖經給我們講述了一件事情。乍看之下這事只不過是以色列人又一次的抱怨，然後神供應他們水，但實際上，這次事情遠不止於此。神要教導祂的子民一件驚人的、完全出乎意料的事情。

那天，以色列人來到了一個名叫利非訂的地方。和以前一樣，他們開始抱怨神將他們領到曠野是為了要殺死他們，這次是要渴死他們，但是這次在利非訂，以色列人的抱怨是從未有過的厲害。這次聖經清楚地說，他們實際上是在通過抱怨來審判神！他們拿起石頭要打死的是摩西，但摩西是神的代言人，以色列人真正要針對的不是摩西，而是神。神帶他們到曠野受死，現在他們要指控神謀殺他們。

聖經描述了以色列人指控神時，神當著眾人的面，對摩西發出指示。神告訴摩西將以色列人聚在一起，以色列的長老們要站在他們的面前。注意這點意義重大，因為長老們是在以

色列執行審判的人。當類似這樣的控告發生時，他們要進行處理。另外，神告訴摩西帶上他的杖，這個細節也很重要，因為這不是個普通的杖。摩西用這個杖擊打尼羅河水，將其變成血；擊打塵土，將其變成虱子。摩西將這個杖向紅海伸出，淹沒了埃及的軍隊，也就是說，這是摩西用來審判的杖。

因而，整個場面有種不祥的氛圍。以色列人聚集到一起，長老們都到了，審判的杖拿了出來。神像是對其背叛、抱怨的子民說：「你們想要審判是嗎？好，我們來施行審判！」有人要被定罪，審判要被執行。

但是要審判誰呢？不是審判神，而是審判以色列，因為他們抱怨、發牢騷。神一而再、再而三地對他們信實，他們卻悖逆神，審判的杖要落在他們身上了。

但是就在這時，事情發生了奇妙的轉變，這一轉變很微妙，連很多老基督徒也沒有看出來。聖經是這樣描述的：

> 摩西就呼求耶和華說：「我向這百姓怎樣行呢？他們幾乎要拿石頭打死我。」耶和華對摩西說：「你手裏拿著你先前擊打河水的杖，帶領以色列的幾個長老，從百姓面前走過去。我必在何烈的磐石那裏站在你面前，你要擊打磐石，從磐石裏必有水流出來，使百姓可以喝。」摩西就在以色列的長老眼前這樣行了。（出17:4-6）

在這段文字中，你看到轉折了嗎？審判的杖落在了哪裏？磐石上。是的，但是誰在磐石上？神。神說：「我必在何烈的磐石那裏，站在你面前。你要擊打磐石。」換句話說，「因為我子民的抱怨、罪孽和不忠，審判的杖理應該落在他們身上」，但神說，「你來擊打我。」摩西這樣做了，結果如何？生命被釋放，水從磐石流了出來。

這是偉大的替代原則更深的一個層面。現在不是動物，而是神親自擔當了原本應該落在祂子民身上的審判和咒詛。因為神的擔當，他們得以存活，不再面臨死亡。

至高的君王，受苦的僕人

幾個世紀以來，神不斷地教導其子民替代性救贖的原則，先知以賽亞更是完整地將所有教導串聯在了一起，比舊約裏其他人都說得完全。以賽亞預言一位神聖的君王將要到來，祂要以完美的公正和公義掌管世界，並將神的子民從壓迫者手中拯救出來。（賽9:6-7）這將是極其榮耀的，但以賽亞也預言說，這位神聖的君王、這位「全能神」也會是神受苦的僕人。祂將代替祂的百姓承擔他們的罪、承受他們應得的死刑。

以賽亞這樣描述這位神聖、尊貴、受苦僕人的工作：

他誠然擔當我們的憂患，

背負我們的痛苦；

我們卻以為他受責罰，

被神擊打苦待了。

哪知他為我們的過犯受害，

為我們的罪孽壓傷。

因他受的刑罰，我們得平安；

因他受的鞭傷，我們得醫治。

我們都如羊走迷，

各人偏行己路，

耶和華使我們眾人的罪孽都歸在他身上。

……

他必看見自己勞苦的功效，

便心滿意足。

有許多人因認識我的義僕得稱為義，

並且他要擔當他們的罪孽。（賽53:4-6、11）

　　你明白這裏以賽亞在說什麼嗎？他說這位至高的君王不僅僅要建立一個完全公義的國度，作為受苦的僕人，祂還要親自擔當其子民死亡的懲罰，並將其終結。祂將承受他們應得的咒詛，使他們能夠在祂的國中與祂永遠同住。

祂知道自己為何而來

那日，當施洗約翰喊道「看哪，神的羔羊，除去世人罪孽的」（約1:29），他想的就是這些。他認出耶穌是最終的祭物，替自己的子民受死；是長久以來預言中受苦的僕人，為自己百姓的罪孽被壓傷。

所以我們知道，耶穌受洗不是因為祂需要為自己的罪悔改，而是身為神的兒子、代表、君王、得勝者和耶和華受苦的僕人，祂與自己前來拯救的罪人認同，與他們聯合。天上的聲音說「這是我的愛子，我所喜悅的」（太3:17），最後一句就是這個意思。「我所喜悅的」這句話是回應《以賽亞書》中神最初對受苦的僕人的談論。

我希望現在你能明白，那日在約旦河邊發生的事非同尋常。藉著受洗和來自天上的聲音，耶穌完全進入了創世之初神就定意要祂承擔的角色和職分。你甚至可以說，藉著這天上的聲音，神宣告耶穌的三重冠冕：作為神的兒子，授予祂天上的冠冕；作為人們長久以來等候的君王，授予祂以色列的冠冕；作為替其百姓受死、拯救他們的「受苦的僕人」，授予祂荊棘的冠冕。

耶穌對這一切都不感到吃驚。祂知道自己為何來到世上，也確切知道為了拯救自己的子民脫離罪惡，祂要付上怎樣的代價。祂必須為自己的子民承受神的忿怒。祂說，祂來是要「捨命，作多人的贖價」（太20:28），就是這個意思。祂受

死前在最後的晚餐上遞給自己的門徒一杯葡萄汁，說：「你們
都喝這個，因為這是我立約的血，為多人流出來，使罪得赦」
（太26:27-28），就是這個意思。這些話是象徵性的，但背後
的真實有著驚天動地的力量。耶穌要承受死亡。永生神的兒
子，人們長久等候的君王已經拿起掉落的寶劍，為祂子民贏得
爭戰，現在祂要為他們的罪承受刑罰。受苦的僕人要承受祂子
民的罪孽，替他們死，好使他們在神面前得稱為義。

沒有別的方法

　　臨死的前一夜，耶穌與門徒們共進了最後的晚餐，祂對這
一切做了最清楚的一次解釋。猶太人每年共享晚餐來慶祝逾越
節。這頓晚餐是為了提醒他們，神帶他們脫離埃及為奴之地時
成就的偉大救贖。因此，耶穌與門徒們共用這頓晚餐時，他們
是在慶祝奇妙的救贖。但耶穌還有別的意思，與他們共進晚餐
時，耶穌解釋說，更偉大的救贖即將展開。這次不僅拯救神的
子民脫離肉體的奴役和死亡，更脫離靈性的奴役和死亡。比出
埃及更偉大的愛之行動即將上演。耶穌在最後的晚餐上說：

　　　　他們吃的時候，耶穌拿起餅來，祝福，就擘
　　開，遞給門徒，說：「你們拿著吃，這是我的身
　　體。」又拿起杯來，祝謝了，遞給他們，說：「你

們都喝這個，因為這是我立約的血，為多人流出
來，使罪得赦。」 （太26:26-28）

　　耶穌為了愛門徒捨己到這個地步：自己流血捨命，好讓
他們得拯救。祂要受死，好讓他們可以得自由，好讓他們的罪
惡、不忠和悖逆得赦免。

　　接下來發生的事情，是聖經中讓人不忍直視的一處。這
件事飽含愛意，又充滿痛苦。晚飯後，耶穌帶著門徒到了一個
名叫客西馬尼的園子，祂知道接下來會發生什麼，所以祂去禱
告。耶穌在園中的禱告是痛苦的，但是祂的禱告再次向我們
顯明祂甘願承受十架苦刑的愛：「他俯伏在地禱告說：『我父
啊，倘若可行，求你叫這杯離開我；然而，不要照我的意思，
只要照你的意思。』」 （太26:39）

　　事實上，有一個方法可以撤去耶穌要喝的神忿怒的杯，
有一個方法讓耶穌根本不用喝這杯，而這個方法就是讓我們
罪人被定罪，進入永死的刑罰。耶穌說祂有十二營的天使供
祂調遣，就是這個意思。七萬二千天使列隊等候，只要耶穌
一聲令下，只要祂動動嘴唇，他們就會將耶穌帶回天國的榮
耀中。成群結隊的天使要永遠敬拜祂，頌讚祂為完全公正和
公義的神的兒子。

　　但是耶穌沒有調遣他們，耶穌讓天使們驚奇地觀看著這
一幕，因為祂和祂的父定意要拯救墮落的子民。一旦下了這
個決心，就只有一條路了：耶穌要喝下神忿怒的杯。這就是

耶穌在客西馬尼園問的問題：「父啊，有別的方法拯救他們嗎？有什麼別的方法可以拯救這些人，而我不用承受死刑，不用與你隔絕？」傳來的回覆是無聲但確定的：「沒有，沒有別的方法！」

為什麼？因為神不能對罪置之不理。神不能忽視罪，不能假裝罪不存在，也不能直接赦免罪。神必須真實地、公正地、公義地處理罪。《詩篇》中的詩人說：「公義和公平是你寶座的根基。」（詩89:14，97:2）這就是為什麼耶穌要喝下神忿怒的杯，因為祂愛我們，要拯救我們，也因為祂愛父神，不願看到父神的榮耀消減。

若我們要得拯救、神要得榮耀，那君王耶穌就要受死。

當祂掛在那裏死去時

羅馬的十架刑罰是迄今為止最恐怖、最羞辱和駭人的處刑之一，恐怖到希臘和羅馬社會的文明人士都不說「十字架」這個詞。這是一個被人厭棄的詞彙，也代表了更加令人厭惡和憎惡的死亡方式。

在羅馬，釘十字架不是私下的執行，從來都是野蠻、血腥的公開執行，因為這個刑罰的整個目的是威懾百姓順從當權者。羅馬人經常把十字架排在去城市的主路旁邊，上面掛著將死之人殘破、因疼痛而扭曲的身體，或者是正在腐爛的屍體。

他們甚至在民間或宗教節期安排大規模的公開行刑，好讓更多的民眾親眼看見這恐怖的場景。殺人犯、強盜、叛國賊，特別是奴隸，在整個帝國成千上萬地被殘酷釘死，而且都是當著眾人的面執行。十字架的恐怖在羅馬生活中揮之不去，這正是羅馬當權者的用意。

羅馬十字架刑罰的數量和頻率很高，但古代對這一刑罰的記載卻很少，這讓人感到驚訝。誰會想記載這種事，為什麼要記載？十字架刑罰是政府批准、甚至是鼓勵的，是行刑者在犯人身上施虐、野蠻殘酷的惡行，所以有關這一刑罰的記載一般篇幅都不長。作者通常只是暗示其恐怖，而不進行具體的描述，好像在說：「你們還是別知道的好。」

撕裂的肉體掛在被咒詛的木頭上，鐵釘鑽透骨頭、損壞神經，身體的重量壓垮關節脫臼，在家人、朋友和世人眼前遭受公開的羞辱，這就是十字架上的死亡。羅馬人稱之為「臭名昭著的木樁」、「死寂的木頭」，指的就是極其殘酷的十字架。希臘人稱其為：可怕的十字架。難怪沒人願意談論十字架的刑罰；難怪父母要遮住孩子的眼睛不讓他們觀看。十字架木樁是讓人憎惡的東西，死在十字架上的人也是讓人憎惡的人。他們是邪惡的罪犯，他們唯一的用處就是掛在那裏腐爛，警告別人不要效仿他們。

這就是耶穌死的方式。

然而，耶穌被釘十字架不像人們看過的任何一次。整個過程都在告訴人們，十字架上的這個人不是普通人，正在發生的

事不是尋常的事。

第一，當耶穌掛在十字架上時，祂的行為、祂對身邊的人所說的話不尋常。大多數被釘在十字架上的罪犯，在最後幾個鐘頭裏，不是祈求憐憫，就是沖著羅馬士兵和圍觀的人破口大罵，或者只是痛苦呻吟。耶穌不是這樣的。祂被掛在那裏，忍受猶太統治者的侮辱，被與他同釘的人嘲笑，面對羅馬士兵的冷酷和無情，但祂心裏仍然愛那些殺害祂的人。與祂同釘十架的一個人認出了祂是誰，耶穌告訴他：「我實在告訴你：今日你要同我在樂園裏了。」（路23:43）士兵在十字架下面拈鬮分祂的衣服，耶穌向天禱告：「父啊，赦免他們！因為他們所作的，他們不曉得。」（路23:34）令人感到驚奇的是，即使被掛在那裏臨近死亡，耶穌仍然愛著身邊的人，仍然要拯救他們、給他們盼望。

另外，耶穌忍受無休止的嘲諷也不尋常。羅馬人在鞭打耶穌時，就開始嘲笑祂，給祂穿上一件紫袍，拿一根葦子放在祂手裏作權杖，把荊棘編作的冠冕戴在祂頭上。然後他們跪在耶穌面前，戲弄祂：「恭喜，猶太人的王啊！」他們嘲笑耶穌，也嘲笑整個猶太民族。當耶穌被掛在十字架上時，祂自己的百姓也加入羅馬人一同譏笑祂，一個人說：「你如果是神的兒子，就從十字架上下來吧！」另一個說：「他救了別人，不能救自己。」整個過程中，耶穌沒有回覆過人的嘲笑。雖然祂比誰都清楚，自己就是他們嘲諷中所說的那一位，但祂只是忍受著。（太27:29、40、42）

　　還有不尋常的黑暗。福音書的作者們告訴我們，從午正到申初，就是大約從中午到下午三點，厚重的黑暗遮蓋了耶路撒冷。在歷史中有很多人試圖解釋這個黑暗：可能是日食、沙塵暴，甚至是火山爆發，但親眼看見黑暗降臨的人們知道這是神自己的作為。路加簡單說道：「日頭變黑了。」（路23:45）

　　事實上，那天遍地的黑暗深刻的象徵了耶穌死在十字架上所發生的事情。在聖經裏，黑暗多次被用來描述神的審判，這黑暗是死亡和墳墓的黑暗。在各各他，審判的黑暗籠罩了耶穌、神的兒子、受苦的僕人。

　　當黑暗退去，馬太告訴我們，耶穌大聲喊：「以利！以利！拉馬撒巴各大尼？」這是亞蘭語，意思是「我的神！我的神！為什麼離棄我？」（太27:46）這句話引自《詩篇》第22篇，在這首詩歌裏，大衛王象徵性地替以色列受苦，但耶穌說這句話是什麼意思？耶穌的意思是在那個時刻，在審判的黑暗之下，祂正代表自己的子民，以自己的靈魂承擔他們當得的懲罰，被神棄絕、與神隔絕、被神驅逐、被神離棄。當耶穌被掛在十字架上時，神子民一切的罪惡都壓在了祂身上，祂為他們而死，祂代替了他們。祂是他們的得勝者、替代者，祂是他們的君王。

　　於是在伊甸園宣判的古老死刑得到了執行，咒詛被承受了。因著祂子民的罪，神的兒子耶穌被祂的父神棄絕。耶穌大聲喊叫「成了」，然後就死了。（約19:30）

　　接下來發生的事情極其美妙，馬太告訴我們，聖殿的幔子

從上到下裂成了兩半。這是一個編織而成的約20米高的帳幕，用於將人與至聖所，也就是神臨在的聖地隔開。藉著斷裂的幔子，神向人類表示，人與神長期的隔絕結束了，並且永遠地結束了。從亞當和夏娃被逐出伊甸園，第一次含淚回望的那天開始，幾千年後，人類再次受邀進入至聖所，來到神的面前。

受苦的僕人、萬王之王、人類的得勝者已經完成了祂的工作。終其一生，耶穌滿足了公義的要求。藉其寶血，耶穌擔當了其子民因罪而當得的刑罰。耶穌戰勝了撒但。耶穌贏得了救恩，並且是一次獻上，即成就了永遠的救恩。

而現在，祂死了。

第八章

復活掌權的主

　　週五，天漸漸黑了，與耶穌同釘十字架的兩個罪犯還有氣息。如果在別的城市，羅馬人可能會讓他們在十字架上過夜，甚至會給他們一點食物和水，讓他們多活幾天多受些折磨，但在耶路撒冷，他們不這麼做。儘管羅馬人對被征服的民族統治嚴厲，但他們通常比較尊重當地民眾的宗教傳統，對猶太人也是這樣。羅馬人尊重猶太人每週的休息日，即安息日，時間是從週五的日落到週六的日落。猶太領袖請求官長確保屍體不會在安息日掛在十字架上，官長同意了。

　　這意味著這三個被釘十字架的人需要盡快死去，所以士兵們奉命執行被稱為「打斷腿骨」（crurifragium）的刑罰。某種意義上講，這是一種冷酷的仁慈。士兵走到釘在耶穌旁邊的罪犯面前，用手中的槍打斷了祂的小腿骨。祂可能會大聲痛喊，但祂的痛苦會很快結束。因為無法支撐身體來呼吸，祂會在幾分鐘內死去。另一個罪犯也是這樣死去的，但當士兵握著槍來到耶穌那裏時，他們發現祂已經死了。他們感到很驚訝，通常被釘十字架的人不會這麼快死去。為了確認一下，一個士

兵舉起槍扎進耶穌的肋旁。當他拔出槍時，水和血分離的混合物從傷口流出來，這是確鑿無疑的死亡信號。

耶穌的一些跟隨者，包括祂的母親，都在各各他目睹了一切。他們看到士兵們把他的手腕釘在十字架上，又用鐵樁釘穿祂的雙腳。他們看到十字架被立起來，看到中午的太陽不再發光。當耶穌被神棄絕時，他們聽見了祂痛苦的喊叫；他們聽見耶穌大聲說「成了」；他們看見祂的頭重重地一低，死了。現在他們該處理祂的身體了，羅馬人是不會管這事的。

富有的亞利馬太人約瑟是耶穌的一個跟隨者。他一直暗暗地信從耶穌，但這時他決定公開自己的信仰，所以他來求見羅馬官員，問是否可以由他來負責耶穌的身體。約瑟在附近的園子裏有一個墳墓，是剛鑿出來的，他想把耶穌安放在那裏。彼拉多允許了，約瑟就和耶穌其他的幾個門徒開始著手這讓人傷心的工作：預備耶穌的身體下葬。他們把十字架放倒，把鐵釘從耶穌的手腕和腳踝中拉出來，把士兵們戴在耶穌頭上的荊棘冠冕扔到一邊。一個聖經作者告訴我們：然後人們開始用約一百斤的沒藥和沉香塗抹耶穌的身體（約19:38-42）。

太陽開始下山了，他們沒能及時塗完香料，得等到安息日結束，在週日清早再回來。眼下他們只是用布裹了耶穌的身體，將其放到墳墓裏，然後用一塊大石頭滾在門口封了墳墓，就回家去了。

我常常想，對那些在過去三年裏捨棄生命跟隨耶穌的人們而言，那個星期六是何等的折磨。很可能過去幾天發生的事情

一直在他們的腦海裏打轉，他們一定好奇自己在想些什麼。所有的應許、神蹟、預言和宣告，現在都結束了。他們肯定有一堆的問題要問，但是他們確切地知道，現在耶穌死了，就跟其他任何人一樣。羅馬人把耶穌公開示眾，以儆眾人，而猶太領袖又解決了一個麻煩。門徒們曾經把全部的盼望放在了耶穌身上，盼望祂是基督、是永生神的兒子，但現在他們的盼望隨著耶穌一同死去了。

　　我好奇那個星期六是怎樣的情形，聖經告訴我們，耶穌被抓後，門徒們四散逃離，很有可能是藏起來了。我們知道耶穌被釘十字架時，僅有幾個人在場，畢竟他們的擔心也是有道理的，擔心當局很快會來抓捕這個「冒牌彌賽亞」的跟隨者，並殺死他們。他們藏在自己的家裏或朋友家裏，想躲過羅馬人的憤怒。很有可能他們哭泣過，一切盼望到頭來是一場空，期待猶如煙消雲散，可是你能做什麼呢？

　　耶穌，「神的兒子」、「基督」、「以色列的王」、「大衛的後裔」、「末後的亞當」、「受苦的僕人」。

> 所有這一切都是妄想。
> 殘酷的現實是：
> 耶穌是一個木匠。
> 祂來自拿撒勒。
> 祂曾經是他們的朋友，
> 但現在祂死了。

馬利亞和其他婦女在星期日去耶穌的墳墓時，也是這麼想的。那天早上，她們不是去看耶穌是否照著應許從死裏復活，那時候，她們甚至都不記得耶穌說過這話。她們去是為了塗抹耶穌的身體，去完成週五日落之前沒有完成的工作，所以安息日一過，她們就來到墳墓，要塗抹耶穌已經死去兩天、被釘過十字架的身體。

她們本以為那天早晨是悲傷、痛苦的，但料想不到的事情發生了。

她們在墳墓的所見讓她們震驚，也改變了世界的歷史。馬可是這麼記載的：

> 過了安息日，抹大拉的馬利亞和雅各的母親馬利亞並撒羅米，買了香膏，要去膏耶穌的身體。七日的第一日清早，出太陽的時候，她們來到墳墓那裏，彼此說：「誰給我們把石頭從墓門滾開呢？」那石頭原來很大，她們抬頭一看，卻見石頭已經滾開了。她們進了墳墓，看見一個少年人坐在右邊，穿著白袍，就甚驚恐。那少年人對她們說：「不要驚恐！你們尋找那釘十字架的拿撒勒人耶穌，他已經復活了，不在這裏。請看安放他的地方。你們可以去告訴他的門徒和彼得說：『他在你們以先往加利利去。在那裏你們要見他，正如他從前所告訴你們的。』」（可16:1-7）

　　過了一會兒她們才意識到發生了什麼。畢竟，她們還沒親眼看到耶穌，只是這個穿著白袍的「少年人」，這位天使告訴她們耶穌復活了。婦女們飛快地跑去告訴門徒們，他們也來到墳墓那裏往裏面看，看到耶穌的裹屍布整齊地疊放在了一邊。之後他們回家了，又驚訝、又稀奇，並滿懷期待。

　　抹大拉的馬利亞是長期跟隨耶穌的門徒，她第一個看見了復活的耶穌。其他門徒離開墳墓後，馬利亞仍在那裏哭泣。她又俯身往空空的墳墓裏看，驚訝地看到兩個天使坐在之前安放耶穌身體的地方。「婦人，你為什麼哭？」他們問她。她回答道：「因為有人把我主挪了去，我不知道放在哪裏？」（約20:13）現在我們稍作停留回顧一下：即便墳墓的石頭被滾開了，墳墓空了，天使告訴他們耶穌不在死人中間，耶穌最親近的門徒們也無法很快相信祂已經復活了。他們曾經被愚弄過，但現在絕不輕易上當了。馬利亞大聲哭泣，她甚至看著一位天使的臉，告訴他說，她認為有人挪走了耶穌的身體。

　　約翰告訴我們，那一刻耶穌在她身後顯現，但馬利亞不知道這是耶穌，她以為是看園的。耶穌問道：「婦人，你為什麼哭？」馬利亞就告訴祂：「先生，若是你把他移了去，請告訴我你把他放在哪裏。」（約20:15）她以為也許是看園的出於什麼原因挪走了耶穌的身體。耶穌沒有回答她。

　　是時候讓馬利亞知道了。

　　「耶穌說：『馬利亞。』」耶穌只叫了她的名字，卻滿

含慈愛、憐憫和能力，祂一直是這樣叫她的。這下馬利亞知道了，她轉過來，「用希伯來話對他說：『拉波尼！』（意思是夫子）。」（約20:16）是耶穌！歷經這一切之後，被釘十字架的耶穌又復活了！

接下來的四十天裏，耶穌一次次地向門徒們顯現，有時是向一小群人，有時是一大群人。祂對眾人講話，也把幾個人叫到一邊，單獨與他們交談。祂教導他們，給他們解釋所有事情的意義，幫助他們相信祂真的復活了。當他們懷疑祂是否是個鬼魂時，耶穌吃了一些魚。當彼得因曾不認耶穌而深感愧疚時，耶穌原諒了他。門徒多馬甚至聲稱，他絕不會相信耶穌已經復活了，除非他把自己的指頭探入祂的釘痕，用手探入祂肋旁被槍刺的傷口。大約一週後，門徒都聚在一起時，屋門都關著，耶穌來了。耶穌不是敲門然後走進來的，不是的，在場的人說，祂就「來了」，站在他們中間。耶穌立即轉向多馬，伸出手來，說：「伸過你的指頭來，摸我的手；伸出你的手來，探入我的肋旁。不要疑惑，總要信。」多馬呆若木雞，剎那間他明白了，他對耶穌說：「我的主，我的神！」（約20:27-28）

你需要明白，現在站在他們面前的這個人不是死裏逃生，好像在十字架上沒有真正死去，又從死亡線上爬了回來。祂也不是剛剛從死亡中被召回來，就像寡婦的兒子或拉撒路那樣。不是的，耶穌實實在在地經歷了死亡，又從另一端活著出來了。那些傷口還在，但是不需要處理或治療，此時它們成了

榮耀的證明，證明死亡曾經暫時攫取了耶穌，但耶穌已經戰勝了死亡。對門徒而言，這意味著一切都更新了。不再是絕望，而是欣喜；不再是死亡，而是生命；不再是定罪，而是拯救；不再是徹底的失敗，而是驚人的勝利。

耶穌復活了。

耶穌的復活：轉捩點、根基、房角石

歷世歷代以來，耶穌的復活都是極具爭議性的，爭議中最大的問題一直都是「耶穌真復活了嗎？」這樣的爭議是可以理解的，因為賭注太大了。如果耶穌被釘十字架後，真的從死裏復活了，那就是驚天動地的事情，我們最好相信祂，因為祂宣告的每件關於自己的事情，即祂是神的兒子、萬王之王、生命的主、受苦的僕人、三一神的第二個位格都被證明是真的了。另一方面，如果祂沒有從死裏復活，那就不需要在意了。一切都結束了，這件事從一開始就不該成為人類歷史上的重要事件。我們可以照常生活了，因為在一世紀有上千個自吹自擂、後來死掉的猶太人，耶穌只是其中的一個。一切止於此。

你明白基督徒為何如此看重耶穌復活這件事了吧！復活是整個基督教的轉捩點，是其他一切的根基，是維護基督教真理的房角石。也就是說，當基督徒宣告耶穌從死裏復活時，他們是在做歷史性的宣告，而不是宗教上的宣告。當然，這一宣告確實有其「宗教」涵義，但如果耶穌沒有真實

地、真正地、實實在在地從死裏復活，那這些宗教涵義就毫無意義。早期的基督徒就明白這一點，他們並不是編造一個美好的宗教故事來鼓勵人們、幫人們更好地生活、為絕望中的人們提供虛無的盼望，好幫助他們忍受今生的風暴。不是的，早期的基督徒想要世界知道，他們真的相信耶穌已經從墳墓裏復活了。他們自己知道，如果耶穌沒有真正的復活，那他們所捍衛的一切都是枉然的、虛假的，一文不值，就像保羅在他的一封書信中所說的：「若基督沒有復活，我們所傳的便是枉然，你們所信的也是枉然……基督若沒有復活，你們的信便是徒然，你們仍在罪裏……我們若靠基督只在今生有指望，就算比眾人更可憐。」（林前15:14-19）

也就是說，如果耶穌沒有從死裏復活，那基督徒就是一群可憐的人。

但硬幣的另一面是：如果耶穌真的從死裏復活了，那麼每個人都需要相信祂所說的話、承認祂是君王，並順服這位救主和生命的主。當然，我的朋友，這也包括你。

所以如何看待耶穌的復活，對你來說很重要。對，就是正在讀這本書的你。在這件事上，騎牆觀望是不夠的，你需要想想這件事情，然後決定。要嘛是：「是的，我認為復活發生了。我認為耶穌從死裏復活了，我相信祂就是自己所宣稱的」；要嘛是：「不，我認為復活沒有發生，我拒絕祂的宣告」。有時你會聽到人們說，他們對復活沒有什麼想法是正常的，因為人們沒法辨認宗教宣告的真假。但正如我們之前所說

的：說耶穌從墳墓裏復活，基督徒不是在做一個宗教宣告，而是在做歷史性的宣告。他們是在說，這件事情發生了，就跟尤裏烏斯・凱撒當了羅馬皇帝一樣可靠、真實。這個宣告經得起思考和調查，你可以對此作判斷，得出結論。

你認為復活發生了，還是沒有發生？

基督徒的根本真理是：我們的確相信復活發生了。

我們不認為門徒們在經歷某種集體的幻覺。鑒於人們在許多不同的群體中看見耶穌的次數和時間的長度，幻覺一說根本講不通。

我們也不認為這是一個瀰天大謊。猶太領袖最怕的就是「彌賽亞復活了」的謠言到處流傳，所以只要他們拿出耶穌的身體，就可以馬上終止謠言，但他們從未這麼做。另一方面，就算耶穌從十字架刑罰中殘存了下來，那這個奄奄一息、渾身是傷、被釘過十字架、被槍刺過的人，又怎麼能讓那些固執又疑惑的跟隨者們相信，祂就是生命的主、死亡的征服者呢？我會說，可能性微乎其微。

關於復活，我們基督徒也不認為是門徒們謀劃的一場陰謀。如果是的話，他們想從中得到什麼？當事態顯明他們不能得到自己想要的東西時，他們為何不就此罷手？比如，在羅馬人砍掉他們的腦袋或把釘子釘入他們的手腕之前罷手？

復活不是幻覺、不是錯誤、不是陰謀。不尋常的事情發生了，這件事有能力把這些懦弱、懷疑的人變成耶穌的殉道者、見證人。他們願意將一切都押注在耶穌身上，忍受一切，甚至

被折磨而死，為的是要告訴世界：「這個耶穌曾被釘死在十字架上，但現在祂復活了！」

統治、審判以及拯救的權柄

那個禮拜天之後，耶穌在接下來的四十天裏教導祂的門徒，並差派他們向世人傳講祂君王的身分。然後，祂升到天上去了。這在你聽來好像又是神秘的宗教語言，沒什麼實際意義，但聖經的作者們不這樣認為。實際上，他們用能想到的最直接的語言描述了耶穌的升天：

> 他們正看的時候，他就被取上升。有一朵雲彩把他接去，便看不見他了。當他往上去，他們定睛望天的時候，忽然有兩個人身穿白衣，站在旁邊，說：「加利利人哪，你們為什麼站著望天呢？這離開你們被接升天的耶穌，你們見他怎樣往天上去，他還要怎樣來。」（徒1:9-11）

門徒們在那裏舉目望天，他們望著雲彩，想知道耶穌去了哪裏。耶穌升天不只是一個靈性的升天，而是真實身體的升天。

但是比耶穌升天這個事實更重要的，是耶穌升天的意義。你瞧，升天不只是耶穌在人面前消失的一種方式，這是神

的作為。神讓耶穌作王，賜給祂最終、完全的統治和審判的權柄，以及拯救的權柄。如果你知道自己是一個罪人，因背叛神而應當承受神的忿怒，那麼耶穌此刻坐在宇宙的寶座上，就是個驚人的好消息。這意味著，這位最終要審判你並給你定罪的君王，也是愛你的君王，是盼望你從祂手中領受救恩、憐憫和恩典的君王。

聖經說「凡求告主名的，就必得救」（羅10:13），就是這個意思。耶穌，這位復活並掌權的君王、從神那裏領受了天上地下一切權柄的這一位，有權力和權柄拯救人脫離罪惡。

現在你該做什麼？

現在我問你一個問題，如果這一切都是真的，那接下來你要做什麼？如果耶穌真的從死裏復活了，如果祂真是自己所宣告的那一位，那你現在要做什麼？

我告訴你，耶穌說你應該做什麼。這並不困難，也不複雜。我們知道人應該做什麼，因為耶穌非常清楚地告訴了我們。當耶穌一次次教導人、愛人、指出人的罪、告訴人們祂是誰以及祂可以拯救他們時，耶穌告訴他們，他要他們相信祂，也就是對祂有信心。耶穌說：「你們當悔改，信福音。」一位聖經作者寫道：「神愛世人，甚至將他的獨生子賜給他們，叫一切信他的，不至滅亡，反得永生。」（可1:15；約3:16）

　　悲哀的是，對今天大多數人來說，「相信」和「信心」這些詞已經沒有實際意義了。我們覺得這些詞很傻，就像聖誕老人、復活節兔子、仙女和奇妙龍一樣，然而幾個世紀以前，「信心」和「相信」是有能力、嚴肅的詞語。他們代表了力量、可靠、忠心以及對那些可信之人的信賴。耶穌告訴人們要「相信」，指的就是這些。耶穌不是說，你應該直接得出「祂存在」的結論，而是說，你應該信靠祂。你應該看祂的宣告、祂的話語和祂的行動，然後決定祂是否值得你信靠，值得你將自己的生命賭在祂身上。

　　這是什麼意思呢？我們信靠耶穌到底要得什麼？整本聖經教導我們，我們都背叛了神。我們得罪了神、違背了祂的律法、無數次地拒絕祂對我們生命的主權，而因著這罪，我們應當承受罪的懲罰，即死亡。是的，我們該承受身體的死亡，但更嚴重的是，我們應當承受神無限的忿怒傾倒在我們身上。我們罪的工價就是死亡。

　　因此在這個世上，我們最需要的是在神面前被稱為義，而不被宣判為有罪。我們需要神對我們判決時站在我們這邊，而不是與我們對立。這就要信靠耶穌了，耶穌基督的好消息、福音是：耶穌來，為要代替你我這樣的罪人，完成我們起初就該做的事情，並打破我們要面臨的死亡咒詛。因此，相信耶穌是一件意義非凡的事。聖經說，當我們相信耶穌、信靠耶穌、倚靠耶穌時，我們就與祂聯合了，祂作我們的君王、代表和替代者。因此，我們的不公義、不順服和對

神的悖逆瞬間歸給了耶穌，而耶穌代表我們，替我們受死。同時，耶穌那順服、與神相交的完美生命歸給了我們，神因這完美生命宣告我們為義。

明白嗎？當你倚靠耶穌得救恩而與祂聯合時，重大的交換發生了：耶穌得到了你的罪，並為你的罪受死；而你得到了耶穌的公義，並因祂的公義而存活。另外還有：「藉著信心與耶穌聯合」意味著，耶穌因完全順服父神而當得的一切東西也變成了你的。沒有哪個救恩的祝福是我們當得的，我們根本不配得，但所有救恩的祝福都是耶穌應得的，我們因渴望與信靠的心與耶穌聯合，從而領受了一切救恩的祝福。耶穌被稱義，所以你也被稱為義；耶穌得榮耀，所以你也得榮耀；耶穌從死裏復活，所以你也靈性復活，並得著將來身體復活的應許，所以聖經稱耶穌為已睡之人「初熟的果子」（林前15:20）。耶穌理當活著，我們則因與祂聯合而活。

當然這不是說，耶穌代表和替代世上的每一個人。不是的，耶穌只替代一些人，這些人相信耶穌就是祂所宣稱的那一位，相信耶穌能成就祂的應許，並因此全然相信和信靠耶穌。我們人類全都公然地悖逆創造我們的神，神沒有任何責任來拯救我們，事實上，神完全可以毀滅我們，將我們都扔到地獄裏，天上的天使永遠讚美神無可指責的公義。他們會說：「凡悖逆至高神者，終將落此下場。」但神因愛我們，差遣祂的兒子耶穌賜下憐憫，只要我們這些悖逆者屈膝在耶穌面前、承認祂、接受祂作我們的君王。當我們如此行時，耶穌就因對我們

難以置信的愛作我們的替代者，將祂公義的生命歸給我們，並親身承擔我們當死的刑罰。

這也不是說，相信耶穌對你的生命沒有影響。當你信靠了耶穌，你承認祂是你的替代者和代表，換句話說，你承認耶穌是你的王，這意味著祂要開始在你的生命中實行權柄，呼召你遠離自己的罪、不再悖逆神。聖經稱遠離罪惡為「悔改」，悔改意味著你與罪宣戰、努力在公義中成長，並因此越來越像耶穌。但你不是一個人在努力，當你藉著信心與耶穌聯合時，聖經說聖靈，即三一神的第三個位格就內住在你裏面。聖靈給你能力，並使你願意與罪爭戰、向著公義努力。

信靠耶穌就是這個意思，就是說，你意識到你無法靠著自己站立在神面前、無法承受你當死的判決，更不用說當神查看你的生命記錄時，你無法被稱為義。當你無法拯救自己的時候，你倚靠耶穌來拯救你。你相信祂代表你這樣的罪人，已經終結了死亡的判決；相信祂已經使你在神面前被稱義；相信你唯一的指望在於百分之百地倚靠祂，讓祂作你的替代者站立在神面前。

這是君王耶穌，即從死裏復活並在天上掌權的那一位，邀請每一個人做的事情。這是祂向所有人發出的邀請，沒有任何限制、沒有附加條件，也沒有額外要求。唯一的問題是，你會不會握住祂的手，在祂面前屈膝感謝，信靠祂來面對神的審判？或者你決定靠自己來面對神的審判！

決定取決於你，至少現在你還有機會。

最後的話:你說祂是誰

你現在還有機會。

這不是誇大其詞,事實上,耶穌不會永遠伸出祂憐憫的手。有一天,也許很快,憐憫的日子會結束,審判的日子要到了。當耶穌臨近十字架的受死時,祂應許說,有一天祂會再來,最終、永遠地審判人類。救贖、憐憫和恩典的日子只有這麼長,這意味著有一天,選擇權將不再取決於你。最終的選擇要臨到你,你將從神面前、從耶穌面前永遠被驅逐。

所以你現在就要回答「耶穌是誰?」我希望你通過閱讀本書,即便沒有認識到別的,但至少認識到這個問題不能輕易地忽略。無論你最終怎麼看待耶穌,不變的事實是,祂做出了關於你、關於你與神的關係的宣告。這宣告是強烈的,甚至是攻擊性的。當然,你也可以忽略這些宣告,只要你願意你可以忽視任何東西。但當有人說:「你背叛了創造你的神,祂對你的判決是死亡。但是我來拯救你,代替你承受這一刑罰。」你要留心聽。

可能你還沒有準備好相信耶穌,為什麼?你還有什麼其他的問題嗎?是什麼在攔阻你?一旦你發現這些問題,不要輕易

放過，審視這些問題、探究這些問題、找到問題的答案。「耶穌是誰」這個問題至關重要，不要忽視這個問題，也不要擱置起來。如果你得出的結論是「不，我不相信耶穌是聖經上所宣稱的，我不相信耶穌自己所宣告的身分」，那麼就這樣吧。至少這樣還算嚴謹。

但是我的朋友，這是我的請求：不要等到審判的那一刻才說：「我當初應該仔細想想，應該追根究柢，應該花時間找到答案！」在那末後的日子，所有的後悔都將蒼白無力。

另一方面，或許你已經準備好說：「是啊，我的確認為耶穌是君王、是神的兒子、是受苦的僕人。我知道自己是個罪人，是背叛神的，我知道自己因為這樣的背叛配得死亡，我知道耶穌能夠拯救我。」如果是這樣，那麼你需要知道成為基督徒不是一件困難的事情。不需要什麼儀式，不需要說什麼特別的話，不需要做什麼，你只需要離棄罪、信靠耶穌、仰賴耶穌、倚靠祂來拯救你。

然後你告訴所有的人：是耶穌，是耶穌拯救了我這樣的人，祂也要拯救你！

經文索引

你的教會健康嗎？

使命：

　　九標誌事工存在的目的是為了用聖經視野和實用資源裝備教會領袖，進而通過健康的教會向世界彰顯神的榮耀。

　　為此，我們希望幫助教會在常常被忽略的、但卻是健康教會當有的九個標誌上成長：

I.　　解經式講道

II.　　福音教義

III.　基於聖經理解歸信和傳福音

IV.　合乎聖經的教會成員制度

V.　　合乎聖經的教會紀律

VI.　關注合乎聖經的門訓和成長

VII.　合乎聖經的教會帶領

VIII. 基於聖經理解和實踐禱告

IX.　基於聖經理解和實踐宣教

　　在九標誌事工網站，我們會發表文章、書籍、書評和電子期刊。我們同時也舉辦大會、訪談教會領袖，和提供其他資源來裝備教會以彰顯神的榮耀。

　　您可以訪問我們的中文網站（https://tc.9marks.org/）來獲取更多的資源。

九標誌已經翻譯出版的「建造健康教會」系列書籍有：

《教會成員制》（*Church Membership*），約拿單‧李曼（Jonathan Leeman）著，2014。

《解經式講道》（*Expositional Preaching*），大衛‧赫爾姆（David Helm）著，2015。

《教會紀律》（*Church Discipline*），約拿單‧李曼（Jonathan Leeman）著，2015。

《長老職分》（*Church Elders*），傑拉米‧萊尼（Jeramie Rinne）著，2015。

《門徒訓練》（*Discipling*），狄馬可（Mark Dever）著，2017。

《福音佈道》（*Evangelism*），J. 史麥克（J. Mack Stiles）著，2018。

《福音》（*The Gospel*），雷‧奧特倫（Ray Ortlund）著，2019。

《純正教義》（*Sound Doctrine*），鮑比‧傑米森（Bobby Jamieson）著，2019。

九標誌已經翻譯出版的其他九標誌書籍有：

《健康的教會成員》（*What Is a Healthy Church Member?*），安泰博（Thabiti M. Anyabwile）著，2014。

《健康教會的九個標誌‧學習手冊》（*Nine Marks of a Healthy Church Booklet*），狄馬可（Mark Dever）著，2014。

《神榮耀的彰顯：會眾制教會治理》（*A Display of God's Glory: Basics of Church Structure*），狄馬可（Mark Dever）著，2014。

《福音真義》（*What Is the Gospel?*），紀格睿（Greg Gilbert）著，2015。

《憑誰權柄：浸信會中的長老》（*By Whose Authority? Elders in Baptist Life*），狄馬可（Mark Dever）著，2015。

《何謂健康教會》（*What Is a Healthy Church?*），狄馬可（Mark Dever）著，2015。

《耶穌是誰》（*Who Is Jesus?*），紀格睿（Greg Gilbert）著，2016。

《福音信息與個人佈道》（*The Gospel and Personal Evangelism*），狄馬可（Mark Dever）著，2016。

《我真是基督徒嗎？》（*Am I Really a Christian?*），邁克·麥金利（Mike McKinley）著，2016。

《教會》（*The Church*），狄馬可（Mark Dever）著，2017。

《教會生活中的長老》（*Elders in the Life of the Church*），費爾·牛頓（Phil. A. Newton）與馬太·舒馬克（Matt Schmucker）合著，2017。

《迷人的共同體》（*The Compelling Community*），狄馬可（Mark Dever）與鄧潔明（Jamie Dunlop）合著，2018。

《牧師的輔導事工》（*The Pastor and Counseling*），傑里米·皮埃爾（Jeremy Pierre）與迪帕克·瑞吉（Deepak Reju）合著，2018。

《尋找忠心的長老和執事》（*Finding Faithful Elders and Deacons*），安泰博（Thabiti M. Anyabwile）著，2018。

《為何相信聖經》（*Why Trust the Bible?*），紀格睿（Greg Gilbert）著，2018。

《以聖道為中心的教會》（*Word-Centered Church*），約拿單·李曼（Jonathan Leeman）著，2019。

《什麼是教會的使命?》（*What Is the Mission of the Church?*），凱文·德揚（Kevin DeYoung）與紀格睿（Greg Gilbert）合著，2019。

《艱難之地的教會》（*Church in Hard Places*），麥茨·麥可尼（MezMcConnell）與邁克·麥金利（Mike McKinley）合著，2019。

九標誌已經翻譯的合作夥伴書籍有：

《豎起你的耳朵來：實用聽道指南》（*Listen Up! A Practical Guide to Listening to Sermons*），克里斯托弗·艾許（Christopher Ash）著，2015。

《以基督為中心的婚禮》（*A Christ-Centered Wedding: Rejoicing in the Gospel on Your Big Day*），凱瑟琳·帕克斯（Catherine Parks）與琳達·斯特羅德（Linda Strode）合著，2016。

《家庭敬拜》（*Family Worship*），唐·惠特尼（Donald S. Whitney）著，2018。

其他機構出版的九標誌中文書籍有：

《健康教會九標誌》（*Nine Marks of a Healthy Church*），狄馬可（Mark Dever）著，美國麥種傳道會，2009。

《深思熟慮的教會》（*The Deliberate Church*），狄馬可（Mark Dever）與亞保羅（Paul Alexander）合著，美國麥種傳道會，2011。

《聖經神學與教會生活》（*Biblical Theology in the Life of the Church*），邁克·勞倫斯（Michael Lawrence）著，中華三一出版有限公司，2018。